LA PEUR

ÉTUDÉ PSYCHO-PHYSIOLOGIQUE

LA · PEUR

ÉTUDE PSYCHO-PHYSIOLOGIQUE

PAR

A. MOSSO

Professeur à l'Université de Turin

TRADUIT DE L'ITALIEN SUR LA 3e ÉDITION, AVEC AUTORISATION DE L'AUTEUR

PAR FÉLIX HÉMENT

Membre du Conseil supérieur de l'Instruction publique

———

AVEC FIGURES DANS LE TEXTE

———

PARIS

ANCIENNE LIBRAIRIE GERMER BAILLIÈRE ET Cie

FÉLIX ALCAN, ÉDITEUR

108, BOULEVARD SAINT—GERMAIN, 108

—

1886

AVANT-PROPOS

C'est à M. le professeur Charcot que je dois d'avoir
connu l'ouvrage de M. le professeur Mosso, de l'Université de Turin. Je saisis cette nouvelle occasion de
l'en remercier, et je ne doute pas que les lecteurs de
cette édition française ne le remercient à leur tour
de leur avoir procuré une lecture instructive et atta-
chante.

En traitant de la *Peur*, le docteur Mosso s'est pro-
posé de faire une œuvre de vulgarisation sérieuse,
c'est-à-dire d'exposer certains points de physiologie
dans la mesure et dans la forme qui conviennent au
grand nombre. Pour atteindre ce but, il a laissé de
côté tout ce qui était ou trop technique ou trop
abstrait, il s'est borné aux points essentiels et il a
adopté le ton libre, dégagé, animé d'une sorte de cau-
serie tour à tour familière et élevée, enjouée et sérieuse,
pleine d'imprévu et de fantaisie qui cause au lecteur
français peu préparé aux exubérances de la langue
italienne des étonnements qui ne sont pas sans charme.

D'ailleurs, M. Mosso n'est pas un simple vulgarisateur, qui se borne à populariser les travaux des
autres. Comme il est créateur à son heure, qu'il a su
trouver, à l'aide d'expériences ingénieuses, des faits
intéressants, il vulgarise ses propres travaux. Aussi,
malgré la légèreté et la vivacité de la forme s'aper-

çoit-on de la solidité du fond, comme on devine une âme virile même sous des dehors aimables et enjoués.

Des occasions précieuses fournies par des blessures exceptionnellement propices à l'observation, ont permis à M. Mosso d'étudier sur le vivant le cerveau et ses fonctions. Grâce aux appareils qu'il a imaginés, délicats et précis comme il convient pour ces sortes de recherches, il a pu se rendre un compte exact de la manière dont travaille le cerveau et du mode d'irrigation sanguine de cet organe. Il l'a vu palpiter sous ses yeux pendant la veille et le sommeil, dans les périodes de calme ou d'agitation, de quiétude ou d'effroi, de santé ou de maladie des sujets soumis à l'observation. Les mouvements du sang dans les vaisseaux cérébraux étaient traduits par une plume docile en lignes ondulées plus ou moins régulières, conséquences des oscillations de la plume. Les diverses émotions ont été ainsi fidèlement représentées par des dessins ou graphiques, sortes d'autographes du pouls inconscient.

L'état du cerveau pendant le sommeil et les songes, pendant le travail intellectuel, au moment d'une émotion et en particulier sous l'empire de la peur se trouve ainsi mieux connu.

*
* *

Chemin faisant, M. Mosso s'attaque à Darwin et se sépare de l'illustre naturaliste dans l'explication de certains faits. Il émet à ce sujet des idées personnelles qui ne sont pas sans valeur. A propos de la peur notamment, il n'admet pas, et avec raison, que la sélection contribue à propager cet état en quelque sorte maladif de l'organisme qu'on nomme la peur, car la peur conduit bien plus sûrement à la destruction qu'à la conservation de l'espèce. Il n'approuve pas davantage certaines explications données par Darwin au sujet de l'expression des émotions, et, dans le chapitre où il traite des *expressions de la face*, M. Mosso a des aperçus pleins de finesse, et une sûreté de vues qui révèlent un esprit critique et un jugement sûr.

*
* *

Dans un travail sur la peur, un chapitre sur l'éducation devait trouver naturellement sa place. Des parents peu éclairés et inconscients du mal qu'ils font n'emploient-ils pas la peur comme un auxiliaire pour obtenir de leurs enfants l'obéissance! Or, c'est là une détestable pratique qui, outre les dangers sérieux qu'elle présente, a pour résultat de rendre l'enfant pusillanime, taciturne, craintif et poltron. La peur est une maladie qu'il faut guérir au lieu de l'entretenir en la faisant servir de procédé d'éducation. Loin de former l'enfant, on le déforme en employant de tels moyens. Pour corriger l'enfant de la poltronnerie, M. le professeur Mosso conseille de suivre les préceptes de Descartes, c'est-à-dire de lui faire comprendre que ses craintes sont chimériques, qu'il n'a pas de péril à redouter, qu'il y a quelque chose d'humiliant à avoir peur et à prendre la fuite, tandis qu'on éprouve une satisfaction très vive à se montrer courageux.

M. Mosso dit avec raison que plus la science fait de progrès, plus la parole du médecin acquiert d'autorité en matière d'éducation.

*
* *

L'intérêt que nous a inspiré cette étude de la peur et l'estime sympathique que nous éprouvons pour l'auteur ne nous entraînent pourtant pas à partager toutes les opinions de l'auteur. Lorsqu'il affirme par exemple, que « l'instinct est la voix des générations éteintes qui résonne comme un écho lointain dans les cellules du système nerveux » nous ne saurions, malgré ce qu'il y a de séduisant dans cette hypothèse, y voir autre chose qu'une hypothèse, à moins qu'on ne remplace le mot instinct par celui d'habitude ou d'aptitude acquise. Une habitude peut en effet être acquise ou perdue, une aptitude peut être développée ou non ; rien n'est compromis pour cela dans la vie de l'animal. Il n'y a là rien de nécessaire ni de fatal. Pour l'instinct c'est autre chose. Celui-ci est souvent une consé-quence de l'organisation de l'animal, la vie de l'animal en dépend, comme cela se voit fréquemment chez les insectes. Dès lors, on se demande comment il pourrait être acquis par répétition. D'ailleurs, la plupart des animaux qui possèdent des instincts auraient eu le temps de mourir avant d'avoir acquis par la répé-tition et la continuité l'instinct qui leur permet de vivre.

Nous ferons également des réserves sur d'autres points, par exemple lorsqu'il nous dit que pendant le sommeil, « pendant cette suspension de la vie animale, un réseau de nerfs et un amas de cellules nerveuses conservent leur énergie et veillent sur nous ». Cela nous rappelle sous une autre forme l'âme faisant sen-tinelle de Jouffroy et nous ne comprenons pas cette vigilance exercée par un amas de cellules.

N'insistons pas. Disons en terminant que dans tout le cours du volume on sent les pensées généreuses qui l'ont inspiré. C'est une sympathie affectueuse pour les hommes, un vif enthousiasme pour la science et un amour profond de la vérité.

Félix HÉMENT.

INTRODUCTION

Je me souviens toujours de ce soir, et je m'en souviendrai longtemps! Je regardais derrière le rideau d'une porte vitrée qui donnait dans le grand amphithéâtre bondé d'auditeurs. J'étais nouveau venu dans la chaire, je me sentais humble et presque repentant de m'être exposé à l'épreuve d'une conférence dans ce même amphithéâtre où avaient parlé maintes fois mes plus célèbres maîtres. Je devais exposer quelques-unes de mes recherches sur la physiologie du sommeil. A mesure que l'heure approchait, ma crainte augmentait. J'avais peur de me troubler et de rester bouche béante et muet. Mon cœur battait avec force, j'éprouvais l'angoisse de celui qui regarde au fond d'un précipice.

Enfin, huit heures sonnèrent, je voulus alors jeter un coup d'œil sur mon discours et me recueillir; mon effroi fut grand en m'apercevant que j'avais perdu le fil de mes idées et que je ne parvenais pas à relier les fragments de mon discours. Des expériences que j'avais répétées cent fois, de longues périodes que je savais par cœur, tout s'était évanoui comme si je n'y eusse jamais songé.

Cette absence de mémoire fut pour moi le comble de l'inquiétude. Je vois encore l'appariteur prendre le bouton de la porte et ouvrir, puis, la porte à peine ouverte, je sens un frisson dans le dos et un bourdonnement d'oreilles. Je me trouve enfin près de la table, au milieu d'un silence terrifiant. Il me semblait que j'avais fait un plongeon dans

une mer orageuse et que, sortant la tête de l'eau, je me
fusse jeté sur un récif, au milieu de ce vaste amphithéâtre.

Mes premières paroles produisirent sur moi une singulière impression. Il me semblait que ma voix se perdait
dans une immense solitude, où elle s'éteignait aussitôt
émise. Après quelques paroles prononcées presque machi-
nalement, je m'aperçus que j'avais déjà terminé mon exorde,
et je restai effrayé de ce que la mémoire avait pu me
trahir à ce point sur les passages où je me croyais le plus
sûr. Mais il n'était plus temps de retourner en arrière, et
je poursuivis tout confus. L'amphithéâtre m'apparaissait
comme un grand nuage. Peu à peu l'horizon s'éclaircit, et,
dans la foule, je distinguai quelques visages bienveillants
et amis, sur lesquels mes yeux se fixèrent comme le noyé
à une planche qui flotte, puis, à côté, des personnes atten-
tives qui approuvaient de la tête, et rapprochaient leur
main de l'oreille pour mieux recueillir mes paroles. Enfin,
je me vois dans l'hémicycle, isolé, infime, chétif, humble
comme si je me confessais de mes fautes. La première et la
plus vive émotion était passée; mais quelle sécheresse à la
gorge et quelle flamme au visage! Comme ma respiration
était entrecoupée et ma voix éteinte et tremblante! L'harmonie des périodes était souvent suspendue par une rapide
inspiration, et j'arrivais péniblement à trouver assez d'haleine pour prononcer les dernières paroles qui achevaient
ma pensée. Malgré tout, le discours se déroulait assez
régulièrement et j'étais heureux de voir que les idées se
présentaient d'elles-mêmes, l'une après l'autre, comme liées
par un fil sauveur que je suivais en aveugle, sans retourner en arrière, et qui devait me conduire hors du labyrinthe. Ce qui disparut en dernier, ce fut le tremblement
des mains qui me faisait secouer les instruments et les
dessins que je montrais de temps à autre. Enfin, j'éprou-
vai un accablement dans tout mon corps, mes muscles me
paraissaient ratatinés et mes jambes pliaient sous moi.

Vers la fin, je sentis de nouveau le sang circuler, puis
quelques minutes d'inquiétude s'écoulèrent encore. Ma voix
qui tremblait beaucoup avait pris le ton persuasif de la

conclusion. J'étais essoufflé et tout en nage; les forces étaient sur le point de m'abandonner. En regardant les gradins de l'amphithéâtre, il me sembla que la gueule d'un monstre s'ouvrait peu à peu pour m'engloutir dès que j'aurais prononcé mes dernières paroles.

II

Celui qui écrira un livre sur la physiologie de l'orateur rendra quelque service à la société qui paie cher « cette idolâtrie forcenée de nous-mêmes » qui nous entraîne à parler en public.

Mais que ce soit un traité complet où chacun puisse se reconnaître comme dans un miroir et sentir le ridicule auquel il s'expose et le châtiment qui l'attend quand il aborde la tribune sans y être convenablement préparé ; qu'il voie sa pâleur, son visage décomposé, son agitation fébrile, qu'il sente tout son corps trembler comme secoué par une tempête intérieure et qu'il s'essaie d'avance à vaincre l'angoisse, la contraction de la vessie, la soif inextinguible et le vertige, enfin qu'il éprouve tous les degrés de cette pitié, de cette commisération que cause au public l'embarras de celui qui parle.

On comprend mieux l'influence des émotions sur l'organisme quand on se représente le rude apprentissage qu'ont dû faire les plus grands orateurs, leurs études, leurs efforts, les épreuves par lesquelles ils ont passé avant de parvenir à se posséder et à conserver en face du public le ton de voix, le geste, la parole persuasive qu'ils ont dans une réunion d'amis ou en famille.

J'ai vu des hommes intelligents et d'un esprit vif et alerte, rester pétrifiés, ahuris, avec les mains pendantes comme un conscrit, les yeux fixés sur le sol, balbutiant leur discours comme un chant plaintif. D'autres, gais conteurs, qui n'osaient lever les yeux, quand, dans une circonstance solennelle, ils se trouvaient courts au milieu d'une période, répétant quatre ou cinq fois les mêmes paroles, puis restant bouche béante, à court d'haleine, saisissant convulsivement la table ou la chaîne de leur montre, comme s'ils cherchaient une ancre de salut. Il en est qui vont à un repas dont ils troublent la gaieté dès le début, parce qu'ils ne goûtent à rien, sont inquiets et préoccupés, tourmentés par la crainte que la mémoire ne leur fasse défaut ; ils ont leur toast sur l'estomac. Le moment venu, ils se lèvent pâles, tremblants à faire pitié, brisés par l'émotion, les yeux grands ouverts, et balbutient quelques paroles sans suite.

Un de mes vieux maîtres, qui fut professeur d'éloquence sacrée à l'Athénée de Turin, ne pouvait parler s'il n'était assis, tant ses jambes tremblaient, et, en dernier lieu, il dut renoncer aux triomphes qu'il devait à son éloquence parce que, le discours terminé, il ne pouvait plus se lever de la chaire ni en descendre, ni marcher.

Pourquoi donc un trouble si grand pour un fait aussi simple que celui de se présenter au public ? Pourquoi un désordre aussi profond dans l'organisme ? On dit que ce sont les nerfs, le cerveau, l'appréhension, la nature physique de l'homme que nous ne pouvons dominer. Mais les idées aussi s'embrouillent. Qu'est devenue cette force si vantée de la volonté, cette fierté de l'âme qui nous rend superbes quand nous sommes seuls et qui nous laisse si timides en face de quelques personnes !

Je confesse que le problème n'est pas facile à résoudre et je crois que le moyen le plus sûr d'en savoir quelque chose, c'est d'analyser sans préjugé ce que nous savons du travail cérébral, et ce qu'ont découvert les physiologistes dans leurs études sur les phénomènes physiques de la pensée et des émotions.

III

Avant de m'engager dans cette voie, je crois utile d'avertir le lecteur que pour être équitable, il me faut citer les noms d'un grand nombre de physiologistes. Toutefois, je ne le ferai que de temps à autre pour ne pas interrompre trop souvent le fil du discours par des noms

ou des remarques, et amener ainsi quelque confusion chez
les lecteurs peu habitués à lire les ouvrages scientifiques.
Du reste, je crois que beaucoup d'entre eux ne tiennent pas
à connaître la paternité des faits. Pour éviter que personne
ne m'attribue le mérite de ce qui ne m'appartient pas, je
parlerai à la première personne, chaque fois que j'expo-
serai mes idées ou mes expériences personnelles. De cette
manière, si quelque erreur est commise, j'en aurai la
responsabilité et la science n'aura pas à en souffrir.

C'est à Descartes qu'on doit le premier livre vraiment
important sur la physiologie des passions. Ce grand réno-
vateur de la science embrassait avec la puissance prodigieuse de son génie toutes les branches de savoir, et fut
mathématicien, physicien et physiologiste. C'est à lui que
revient le mérite d'avoir démontré que la vieille philosophie d'Aristote, qui dominait alors dans les écoles, n'avait
jamais trouvé la solution d'aucun des problèmes de la vie (1).

Personne avant Descartes n'a eu une idée aussi simple
du mécanisme avec lequel peuvent être produits les mouvements involontaires qui accompagnent les émotions. Il
a ainsi jeté les premières bases d'une étude physiologique
de l'âme. Depuis, deux siècles et demi se sont écoulés, et son
œuvre reste encore un monument digne d'admiration. La
science a fait de tels progrès que personne parmi ceux qui
veulent apprendre les éléments de la physiologie n'étudie-
rait son *Traité de l'homme*, mais ceux qui connaissent
l'histoire de la science sont émus à la lecture de telle page
merveilleuse où on sent le souffle du génie qui a fécondé
la science. Malebranche raconte que, quand il eut pour la
première fois entre les mains le *Traité de l'homme*, les
idées neuves qu'il lui suscitait lui causèrent un plaisir si
vif et une telle admiration que son cœur battait vivement, et
qu'il était contraint de temps en temps d'interrompre sa
lecture.

Deux autres hommes non moins célèbres doivent être
cités pour la direction sérieuse et le caractère scientifique

(1) Voir son *Traité sur les passions*, XXXVI.

qu'ils ont imprimés aux études sur les émotions : Herbert Spencer et Darwin. Après eux vient, en première ligne, Mantegazza. Darwin fut un homme de génie et un des plus grands maîtres dans l'art d'écrire des œuvres populaires. Sa force, ce qui le rend un maître incomparable, est la juste réserve qu'il apporte dans ses affirmations et ses conclusions qui jamais ne sont absolues. Le dogmatisme qui stérilise les intelligences moyennes ét abrutit la multitude, cette peste de la science, n'avait aucune prise sur lui. Il a montré avec candeur au public les lacunes de la science, il a été le critique inflexible de ses propres œuvres, et ne s'est pas fait faute de mettre en lumière les défectuosités de sa doctrine. En lisant son ouvrage, on dirait qu'il était constamment dominé par la crainte de n'être pas bien compris des lecteurs insuffisamment préparés aux questions les plus graves de la science. Il était si circonspect, si modéré dans ses assertions, si prudent dans ses inductions que, même dans l'*Expression des émotions* qui, selon moi, est le moins parfait de ses ouvrages, il ne laisse aucun point où l'on puisse consciencieusement le contredire et le taxer d'erreur.

S'il est devenu possible d'ajouter quelque chose à ses travaux et de reviser quelques-uns de ses jugements, cela tient aux progrès rapides de la science, qui sont tels que nous, qui avons été ses contemporains, nous sommes déjà sa postérité. Il lui a manqué de n'avoir pas été suffisamment physiologiste. La doctrine de l'évolution sera toujours la base de la science moderne, mais quelques principes formulés par Spencer et Darwin seront modifiés à mesure que les connaissances sur l'adaptation des organes aux fonctions auront fait plus de progrès.

IV

Je crois que Darwin a accordé trop d'importance à la volonté considérée comme cause des expressions ; nous, jeunes physiologistes, nous sommes plus mécaniciens, pour ainsi parler, nous étudions plus en détail les rouages de l'organisme et recherchons dans la structure des organes l'explication de leurs fonctions.

Voici un exemple de ma manière d'expliquer quelques phénomènes, qui diffère de celle de Darwin : On sait que les lapins sont très timides, qu'aucun animal ne rougit ou ne pâlit si facilement. Les modifications de la circulation occasionnées par les impressions psychiques et les émotions se voient mieux chez ces animaux aux oreilles qu'à la face, comme du reste chez beaucoup d'hommes. Dans la haute Italie, j'ai souvent entendu dire dans le peuple, de celui qui veut réprimander quelqu'un, qu'il lui lavera la tête à lui faire rougir les oreilles. Dans le milieu du pavillon de l'oreille du lapin se trouve une artère qui se dirige de la base au sommet, se ramifie et se replie de manière à former deux branches sur le bord du pavillon même. En 1854, Maurice Schiff remarqua que cette artère présente des mouvements alternatifs de contraction et de relâchement qui ne correspondent pas aux mouvements du cœur. En regardant en face, à la lumière, l'oreille du lapin, on voit que de temps en temps l'artère diminue de diamètre au point de disparaître tout à fait. Puis elle grossit et se gonfle de nouveau en dilatant toutes ses ramifications, de manière que toute l'oreille prend une couleur rouge intense et devient plus chaude. Cette hypérémie de l'oreille dure plusieurs secondes, ensuite l'artère et ses ramifications se resserrent, et la rougeur s'évanouit graduellement. M. Schiff a donné à cette artère le nom de *cœur accessoire*, parce qu'il s'était figuré que les dilatations et les contractions jouaient à l'égard de l'oreille le rôle du cœur pour le reste du corps, c'est-à-dire qu'ils favorisaient la circulation du sang dans l'oreille.

J'ai répété les observations de Schiff en prenant des précautions qui, dans tout autre cas, auraient paru superflues. D'abord j'ai évité de tenir l'animal dans les mains afin de lui éviter toute émotion ; puis je me suis mis en mesure de pouvoir regarder ses oreilles sans qu'il s'en aperçût. Pour atteindre ce but, j'ai fait construire une cage qui ferme complètement l'ouverture d'une fenêtre, de manière que les

lapins ne pouvaient voir dans la pièce où je me trouvais
et de laquelle, au moyen de quelques trous pratiqués dans
la paroi, je pouvais regarder à mon aise dans la cage sans
être vu des lapins. A l'aide de ce simple artifice, 'je pouvais à mon gré les surprendre, les observer dans leur vie
intime, les étudier, sans les troubler et sans qu'ils se dou-
tassent que je les épiais.

Une première fois, je vis tout à coup, avec surprise, que
leurs oreilles n'étaient plus rouges, comme il arrivait
quand ils étaient sous le coup de l'émotion de se sentir
saisis et tenus entre mes mains sur la table. Les mouvements rapides de contraction et de dilatation des vaisseaux
sanguins de l'oreille, la pâleur et la rougeur si subite et
si caractéristique de la timidité de cet animal, avaient
cessé. L'artère de l'oreille pouvait rester gonflée pendant
longtemps, souvent pendant des heures, et l'oreille très
rouge. C'était surtout quand l'animal s'abandonnait à une
tranquillité profonde. L'état de repos absolu n'est donc pas
toujours accompagné d'une dilatation des vaisseaux. Chez
les lapins, comme d'ailleurs chez l'homme, les oreilles ne
sont pas également pâles ou rouges en même temps et
dans les mêmes conditions; ainsi les jeunes rougissent plus
facilement que les vieux ; souvent, en regardant le père et
la mère avec les petits, je remarquais que ces derniers
avaient les oreilles très rouges qui pâlissaient à tout moment pendant qu'ils restaient impassibles. Les personnes
âgées ont aussi les oreilles pâles. Enfin on trouve des différences chez les jeunes d'une même filiation. Je choisis-
sais au marché ceux qui rougissaient le plus fortement et
le plus facilement. En étudiant avec attention la manière
dont pâlit l'oreille du lapin absolument tranquille, on
reconnaîtra presque toujours que le changement est dû
à une cause externe. Pendant que l'animal a les oreilles
rouges et respire tranquillement, on observe souvent un
changement subit dans le rythme de la respiration, l'animal relève la tête, regarde autour de lui où flaire, les vaisseaux se contractent et l'oreille pâlit. Quelques minutes
après, rien n'y paraît, l'oreille est de nouveau d'un rouge

incarnat. A chaque nouveau bruit elle pâlit. Un coup de
sifflet, un cri, un bruit quelconque, l'aboiement d'un chien,
un rayon de soleil qui pénètre à l'improviste dans la cage,
l'ombre d'un nuage qui passe rapidement, le vol d'un
oiseau suffisent pour produire une pâleur rapide suivie
d'une rougeur intense. Dans de telles conditions, on peut
affirmer que la circulation du sang dans l'oreille révèle
l'état psychique de l'animal ; rien ne se passe en lui ou
au dehors sans que les vaisseaux sanguins en témoi-
gnent.

Le fait observé par Schiff reste confirmé, mais l'interprétation que j'en donne diffère de la sienne. La dilatation et la contraction des vaisseaux de l'oreille ne sauraient
être comparées aux mouvements d'un *cœur accessoire*. Ce
fait ne diffère pas de la rougeur et de la pâleur du visage
chez l'homme. Je l'ai dépouillé de ce caractère exception-
nel qu'on voulait lui donner dans la science, et l'ai fait
rentrer dans l'ordre des phénomènes qu'on observe chez
l'homme et chez presque tous les animaux.

Nous verrons que le même phénomène se manifeste dans
la crête et les barbillons du coq, dans la caroncule et la
peau du cou des dindons ; nous pouvons également constater que l'homme et le chien ne rougissent pas seulement
du visage mais aussi des pieds.

Ces faits ne sont pas encore bien connus parce qu'on ne
s'y est pas assez arrêté. Comme les vaisseaux de la peau
sont cachés sous les poils, les plumes ou les écailles,
comme l'épiderme est moins transparent et les cellules
pigmentaires plus abondantes dans les couches profondes
des téguments, on croyait que l'homme seul avait le privi-
lège de rougir. Il n'en est rien. L'exemple des lapins que
nous venons de citer prouve le contraire. Ces phénomènes m'étaient devenus si familiers qu'il me suffisait de
regarder par un très petit trou le museau de l'animal et
plus particulièrement le nez, pour pouvoir affirmer immédiatement si, au même moment, les oreilles étaient rouges
ou pâles. Cette certitude venait en partie de ce que les
plus légères émotions modifient le rythme de la respi-

1*

ration et les mouvements des narines, comme il arrive du
reste pour l'homme.

V

Peut-être déplaira-t-il à quelques personnes qu'il n'y
ait pas de différence caractéristique entre l'homme et les
animaux et que l'on cherche froidement à rendre commun avec les brutes ce qu'il y a de plus noble, de plus
beau et de plus humain dans notre visage. Mais nous nous
en consolons par la pensée que la poésie, l'enthousiasme,
l'inspiration et les affections rénaissent sous une forme
nouvelle et plus virile dans la contemplation de la réalité ;
que dans la recherche de la vérité, il y a un charme qui
embellit et ennoblit l'intelligence humaine, et qu'aucun
progrès scientifique n'éteint le sentiment.

Maintenant que la méthode expérimentale est de plus en
plus suivie, le physiologiste doit se faire modeste et demander l'hospitalité à l'atelier de l'artiste et au cabinet du
littérateur, s'entretenir avec les esprits cultivés, afin de
répandre les principes les plus élémentaires de sa science.
Le moment est venu de jeter la toge par-dessus l'épaule,
de mettre le tablier et de relever ses manches pour faire
la *vivisection* du cœur humain par la méthode scientifique.

L'artiste ne doit plus se borner à l'imitation servile et
aveugle de la nature, en copiant, reproduisant, traduisant
sur la toile, sur le marbre ou dans les écrits, les manifestations, les phénomènes de la vie. Il doit connaître le pourquoi
ou un pourquoi quelconque des choses, les liens entre les
causes et les effets, il doit être convaincu que rien n'est
dû au hasard et que chaque phénomène a sa raison d'être. La
rougeur, cette manifestation si idéale de l'innocence et de
la pureté de l'âme, n'est pas un fait accidentel, elle n'a pas
été donnée à l'homme comme un signe de noblesse, comme
un miroir destiné à réfléchir les troubles de son cœur, c'est
une conséquence fatale des fonctions de l'organisme qu'on
ne peut ni faire naître ni détruire par un effort de la
volonté. La rougeur est due simplement à la structure

du corps humain, à la vie, aux fonctions des vaisseaux sanguins dans tous les organes et chez tous les animaux.

Darwin croyait au contraire que c'était une manifestation acquise à l'aide de la volonté (1).

L'explication qu'il donne n'est plus admissible et j'ose croire que Darwin lui-même aurait accepté la mienne qui me semble plus vraie et plus conforme à la doctrine de l'évolution, plus darwinienne, si j'ose m'exprimer ainsi.

Pourquoi rougit-on ? demandera celui qui insiste pour connaître les causes premières ; pour quelle raison le sang afflue-t-il plus abondamment dans les oreilles du lapin et au visage de l'homme, dans certaines circonstances ? La réponse à une telle demande sera mieux comprise quand nous aurons démontré que le cerveau même devient plus rouge après une émotion. C'est pour conserver et entretenir la vie que la dilatation des vaisseaux sanguins est indispensable dans tous les organes où se produit quelque trouble. Quand on nous serre fortement la main, ou quand nous recevons un coup, tout le monde sait que la peau devient plus rouge dans le point comprimé ou frappé. Cette modification dans la circulation est indispensable pour que l'afflux plus abondant du sang dans la partie où se produit un trouble dans la nutrition serve à activer les phénomènes vitaux et à réparer immédiatement le dommage. Les mêmes phénomènes se produisent dans le cerveau pour les faits psychiques. Les émotions déterminent une activité plus grande dans les phénomènes chimiques du cerveau; la nutrition des cellules se modifie et il s'ensuit une consommation plus rapide de force nerveuse. Aussi, les vaisseaux en se dilatant assurent-ils les fonctions des centres nerveux au moyen d'un afflux de sang plus abondant.

C'est dans les tissus, dans les propriétés de la substance vivante qui constitue notre corps que nous devons chercher la cause des nombreux phénomènes que Darwin fait dépendre des causes extérieures, du choix ou du milieu. Nous chercherons à réduire l'importance de l'occasion,

(1) Voir l'*Expression des émotions*, Paris, 1877, page 71.

de la volonté, et des causes accidentelles qui ont une part
si large dans la doctrine de Darwin. Rien ne s'est fait par
soi sous l'influence d'une force plasmatrice qui travaille
dans un but préconçu, mais les organismes se forment, se
modifient pour des raisons exclusivement mécaniques. Le
travail perfectionne les organes ; les parties qui fonctionnent
éprouvent, par le fait de leur propre activité, des modifi-
dations profondes qui rendent leur structure plus parfaite.

CHAPITRE I

COMMENT TRAVAILLE LE CERVEAU

I

Avant de commencer l'étude des centres nerveux, je dois rappeler à la mémoire du lecteur quelques faits d'une extrême simplicité, qu'il connait certainement et qui sont de nature à mettre en évidence l'intervention du corps dans les phénomènes psychiques.

Pour savoir comment travaille le cerveau, il convient de rappeler ce qui se passe en nous quand nous sommes distraits, soustraits au monde des réalités, et que nous restons immobiles, les yeux ouverts, sans voir ni sentir, assistant intérieurement à ce spectacle curieux des images flottantes insaisissables qui traversent notre esprit.

Que de fois, dans le silence de l'étude, pendant une lecture, les contours de la parole se sont dissipés, si l'on ose parler ainsi, et nous nous sommes tout à coup trouvés transportés au loin, dans les nues, l'esprit peuplé de nos souvenirs de jeunesse et de nos espérances d'avenir. C'est alors que dans la nuit solitaire, assis au coin du feu, la flamme, les tisons et les étincelles qui jaillissent dans les cendres prennent des formes étranges.

Pour bien des gens, cette suspension de l'attention, cette sorte de repos de l'esprit est un vrai soulagement ; cet effacement de la volonté nous arrache un instant aux soucis et aux misères de la vie, et nous laisse contempler paisiblement le spectacle curieux du travail du cerveau

livré à lui-même. Les idées, les choses se transforment
rapidement et se mêlent incessamment, sans ordre et sans
but. Nous voici transportés au milieu d'un tourbillon dans
l'espace sans bornes, dans le temps sans limite, découvrant
sans cesse de nouveaux pays et de nouveaux horizons.
Les nuages prennent des formes fantastiques et des voix
harmonieuses se font entendre dans la cascade du ruisseau.

Puis, tout à coup, passe rapidement une volée de souvenirs qui fuit bien loin, à l'horizon de la conscience, nous
laissant éblouis et troublés. Dans cette foule de pensées
et de figures aussitôt évanouies qu'entrevues, nous retrou-
vons des visages, des formes connues, images de ceux que
nous avons perdus, et vers lesquelles nous nous élançons
le sourire sur les lèvres et les larmes dans les yeux.

II

Toute cette fantasmagorie n'est autre chose que les rêves
d'un esprit éveillé. Il nous arrive même de nous laisser
aller au courant capricieux et indolent de l'activité cérébrale, bien que notre attention soit plus vive et l'énergie
de la pensée plus grande. La volonté, en effet, ne crée rien
dans le champ de l'imagination et le cerveau n'est pas un
esclave qui obéit à nos ordres. Qui ne se souvient des
efforts pénibles autant qu'inutiles pour chasser une pensée
qui nous obsède, et de l'impuissance où nous sommes alors
de nous livrer à un travail intellectuel sans savoir pourquoi! Combien de fois ne sommes-nous pas restés, pendant
des heures, la plume en arrêt et le front dans la main, sans
qu'il nous vint à l'esprit une pensée que nous eussions le
courage d'écrire! Quel découragement le jour où nous
sentions ainsi se tarir les sources de la pensée! En vain,
nous nous tourmentions à rabrouer notre esprit, pour en
faire sortir des fragments de pensées que nous rejetions
ensuite avec dépit comme des scories de notre cerveau.

Avouons-le, nous étions alors humiliés comme si l'on
nous eût fermé au nez la porte de notre propre maison. Il
ne faut pas s'en tourmenter ; à quoi bon, d'ailleurs, nous

emporter et nous mettre en colère. C'est donner de la tête contre un mur.

Un physiologiste anglais compare le travail de l'homme qui pense à celui d'un humble aiguilleur qui se trouve à l'entrée d'une grande station : il ne donne pas le mouvement aux trains, ne les fait ni partir, ni arrêter, mais dirige seulement les mouvements qui permettent d'aller dans un sens ou dans l'autre.

Le cerveau est constamment en travail et il n'est pas possible de se faire une idée de l'activité qui se manifeste dans toutes ses parties. Plus l'attention est grande sur un point, plus la connaissance que nous avons du travail de la partie voisine est confuse, et moins vives sont les impressions venues du dehors, comme le prouve l'exemple d'Archimède tué par un soldat romain, pendant le siège de Syracuse, tandis qu'il était absorbé par l'étude d'un théorème de géométrie.

Notre cerveau ne travaille jamais dans son entier ; c'est une partie ou une autre qui fonctionne.

Quand je regarde avec un seul œil une paroi uniformément éclairée ou bien le ciel, je trouve que le champ de la vision tantôt s'obcurcit, tantôt s'éclaire. Cela ne dépend pas des yeux mais du cerveau, car nous nous servons continuellement et inconsciemment de l'un ou de l'autre œil ; les deux hémisphères cérébraux ne travaillent pas simultanément, mais tantôt l'un, tantôt l'autre. Un général français perdit une partie du cerveau à la suite d'un coup de sabre qui lui fendit le crâne. Il guérit et conserva son intelligence et sa vivacité ; seulement, il ne pouvait prendre une part active à aucune conversation ni se livrer, si ce n'est pendant quelques minutes, à un travail sérieux de l'esprit.

Nous avons plusieurs philosophes qui affirment qu'une partie notable de notre activité cérébrale s'accomplit automatiquement et que notre esprit travaille parfois sans en avoir conscience. « Quand une idée, dit Maudsley (1), disparaît de la conscience, elle ne disparaît pas nécessairement

(1) Maudsley, *la Physiologie de l'esprit*; Paris, 1879, p. 289.

tout à fait ; son action peut continuer à s'exercer à l'état
latent, au-dessous de l'horizon de la conscience, pour ainsi
dire ; elle peut dans cet état produire même des effets moteurs ou influencer d'autres idées, sans que nous nous aper-
cevions de ce travail. » Mais lorsque notre conscience est
distraite inopinément de son travail, ou réveillée par quelque chose dont elle s'était préalablement occupée, nous
surprenons alors l'idée sur le fait. Cette opinion est rendue
probable aussi par quelques phénomènes qui se rapportent
à mes études sur la circulation du sang dans le cerveau.
Que de fois sont revenus presque à l'improviste, et au moment où nous y pensions le moins, les noms et les faits
que nous ne parvenions pas à nous remémorer par une
contention d'esprit longue et fatigante.

Nous savons tous qu'il ne nous est pas possible de nous
endormir à volonté, tant nous sommes peu maîtres de ne
pas penser. Nous détournons l'esprit sur un point ou sur
un autre pour essayer de le distraire de ce qui l'occupe et
le tient éveillé.

Nous cherchons à repousser une idée qui nous obsède,
en appelant à notre aide d'autres idées qui la chassent, et,
souvent nous attendons le calme, cette obscurité, cette
tranquillité de l'esprit qui seule peut le laisser reposer.

Quand, au moment qui précède le sommeil, lorsque
l'esprit est plus tranquille, nous nous efforçons de le tenir
fixé sur une idée, nous nous apercevons qu'il oscille, se
montre, puis disparaît comme si nous nous trouvions dans
une barque et que, de temps à autre, nous élevions la tête
au-dessus des vagues. Même pendant le jour, nous sommes
quelquefois dans cette humble barquette que chaque coup
de vent éloigne du but, que des courants impétueux de
pensées empêchent d'entrer au port.

III

Mais pour mieux voir le lien qui unit la matière de l'organisme à l'activité de la pensée, la corrélation entre la

nutrition du corps et l'état de l'âme, ou pour ainsi dire le rapport du physique au moral, examinons attentivement ce qui arrive dans une réunion d'amis quand ils s'assoient à table.

Après les premières exclamations de contentement que laissent échapper les plus gais en s'asseyant, survient une sorte d'accalmie. On croirait que les convives ne sont pas en veine de gaité. L'un cherche à rompre la glace, mais on reste froid à ses provocations ; on sent que la conversation est forcée, que la parole n'arrive pas facilement, qu'il manque de l'entrain. Peu à peu les langues semblent se délier. Il se produit un bruit sourd, un ronflement analogue à celui qui précède l'accord des instruments d'un orchestre, et qui va croissant avec une intonation toujours plus élevée comme si les convives cherchaient à se surpasser mutuellement.

Au dessert les plus taciturnes mêmes s'en mêlent et se mettent à boire et à bavarder. Les personnes sombres sont devenues souriantes, les visages mélancoliques sont gais ; le désordre de la conversation, les discussions animées, les fréquents éclats de rire, les vives contractions de la face, les interruptions bruyantes, les gestes provocants, l'agitation des bras, tout démontre que l'activité de la vie est centuplée.

A l'animation du visage, aux yeux scintillants, nous devinons que le sang ruisselle impétueux et à flots dans le cerveau. Le filet de la langue est rompu, les idées affluent comme si une main généreuse fût venue mouvoir les organes rouillés de la pensée et verser l'huile sur les pivots et les rouages du mécanisme de la parole.

Inutile d'insister : nous avons tous éprouvé cette transformation qui résulte du travail cérébral. — C'est un vent différent de celui qui soufflait quand nous nous sommes embarqués. — Si les convives ne se connaissent pas pour s'être déjà rencontrés dans des réunions antérieures, ils auront à modifier l'opinion qu'ils avaient de certains d'entre eux.

Des hommes qu'on avait toujours cru taciturnes et d'un

caractère froid, on les trouve étourdis, entamant avec une
parole abondante et chaude les discussions les plus ardues,
argumentant avec une promptitude et un succès qui leur
valent des applaudissements; d'autres, habituellement
timides, rassis, impassibles, connus de tous pour leur langage mesuré, ont trouvé dans le vin une vivacité brillante,
un charme de parole qui les rend sympathiques. Ils ne se
lassent pas de porter des toasts et de proposer de boire à la
santé de chaque convive. Ils se lèvent et tournent autour
de la table, le verre en main, trouvant pour tous un mot
aimable, improvisant pour chacun un compliment bien
tourné. Des hommes froids et posés, chez lesquels personne n'eût jamais soupçonné une âme de poète, se
montrent capables d'exaltation et improvisent des vers ;
on admire l'aisance et la facilité avec laquelle ils savent
trouver le rythme, l'image, la parole harmonieuse et la
rime. Chacun sent qu'il y a en lui comme un souffle inspirateur et un mouvement plus rapide et plus chaud de la
vie.

Mais laissons-les trinquer gaîment ; pour notre étude
psychologique, c'est déjà trop insister, et il serait superflu
de les suivre au sortir de la maison pour voir comme ils
sont tous changés, et devenus confiants, affectueux et
hardis.

Le jour suivant chacun d'eux reprendra ses affaires et
son caractère propre, et, s'il arrive que deux d'entre eux se
rencontrent dans la rue, après avoir échangé une poignée
de main, le sourire sur les lèvres, ils prononcent ces paroles
qui sont une révélation : « Oh! que j'étais monté hier au soir,
— mais toi aussi, tu étais en veine, — et l'autre comme il
s'emportait; il n'y avait pas moyen de l'arrêter. »

IV

C'est surtout dans l'analyse de la mémoire qu'on voit
le lien des diverses parties du cerveau qui entrent en fonction pour fournir tous les éléments dont se compose un
discours.

Dans la mémoire, nous devons distinguer deux points :
1º comment se fixe l'impression, qu'il s'agisse des idées, des
changements de la parole, du son, des sensations ; 2º comment se produit le réveil de cette impression.

Les phénomènes de la mémoire demeurent tout à fait incompréhensibles si l'on n'admet pas qu'ils sont étroitement
unis aux changements de la substance nerveuse. Les impressions qui viennent du monde extérieur trouvent la
substance des cellules cérébrales déjà préparée à recevoir
l'empreinte et à la fixer d'une manière durable, comme une
reproduction photographique, s'il est permis de faire une
comparaison entre deux phénomènes dont un seul est
connu. C'est le sang qui transporte aux hémisphères du
cerveau les substances qui semblent nécessaires à la fonction
de la mémoire. L'attention ne peut se manifester dans
toute son intensité sans changements notables dans la circulation du sang. Quand nous sommes distraits, les idées
ne laissent pas d'empreinte durable dans la mémoire, parce
qu'il n'y a pas eu d'abord, avec les changements physiques
de l'organisme qui accompagnent l'attention, un mouvement plus rapide du sang dans les hémisphères cérébraux.

L'antique idée qui fait du cerveau un réservoir dans lequel chaque pensée a sa petite case où elle demeure, et où
elle peut être retrouvée, semble plus vraie maintenant. La
science moderne a démontré que la chose est plus compliquée qu'on ne croit. En effet, il suffit qu'un caillot obstrue
l'artère qui porte le sang dans quelque circonvolution, ou
qu'une tumeur détruise une partie du cerveau, pour déterminer la perte de toute une province de la mémoire.

Bornons-nous, comme exemple, à la mémoire de la
parole, qui, on le sait, se trouve localisée dans la région
pariétale gauche. Une personne reçoit-elle un coup à la
tempe de ce côté, elle peut perdre la parole, bien qu'elle
se souvienne encore des choses, et qu'elle puisse même
en prononcer les noms s'ils lui sont suggérés. Ce dernier
fait montre bien qu'il n'y a pas de lésion dans les muscles
de la langue. L'aphasique peut même chercher les mots
dans le dictionnaire et les prononcer lorsqu'il les voit.

Quand nous apprenons une langue, il est permis de supposer que quelques cellules cérébrales remplissent des
fonctions et acquièrent une activité nouvelles, que des
rapports s'établissent avec les autres cellules, et que, dans
ce réseau inextricable, se localisent les noms, les verbes,
les idées, la représentation graphique des idées et des
mots.

A mesure que nous manions la langue, le sang porte de
nouveaux éléments à ces cellules, et l'impression devient
d'autant plus vive que l'attention a été plus soutenue. Dans
les changements matériels qui surviennent, ce qui est déjà
fait ne disparaît pas complètement, l'empreinte reste, bien
que plus faible. Si nous cessons pendant quelques années
de faire usage de la langue, nous rencontrerons une certaine difficulté à la parler de nouveau, il nous semble que
les communications sont devenues moins faciles ; toutefois,
en peu de jours, nous retrouverons l'aisance primitive.

Nous pourrions citer le cas d'un homme qui, à la suite
d'une maladie, perdit la mémoire d'une langue qu'il savait
et auquel la mémoire de cette langue est revenue en même
temps que la santé ; d'autres qui avaient oublié plusieurs
langues dans l'ordre où ils les avaient apprises et qui en
recouvrèrent l'usage dans l'ordre inverse.

Quand on veut fouiller dans certaines régions peu pratiquées de la mémoire, on s'aperçoit toujours qu'il y a des
associations et des liens très étroits entre les phénomènes de la pensée. Le sang, en pénétrant dans certaines
parties du cerveau, est comme un flambeau qui éclaire un
souterrain sur les murs duquel sont figurées les idées
des objets et des choses que nous connaissons. Souvent
les vaisseaux sanguins ne livrent pas facilement passage
au sang, et nous tournons en vain dans ce labyrinthe,
reculant, avançant, jusqu'à ce que tout à coup s'ouvre un
accès et apparaisse subitement l'idée cherchée. Cette
hypothèse qu'il s'agit d'une influence du sang, d'une dilatation ou d'une contraction des vaisseaux, des phénomènes
de la nutrition permet d'expliquer comment parfois, à la
suite d'une forte émotion, on peut recouvrer subitement

la mémoire de tout un ordre de choses qu'on croyait avoir oublié.

Le lien qui unit les phénomènes physiques à ceux de la mémoire apparaît encore plus évident dans le fait de l'épuisement et dans l'influence réparatrice du repos. La mémoire peut même cesser tout à fait par suite de l'anémie, ou bien après un empoisonnement par les narcotiques, ou encore si le cerveau est débilité. Ne sait-on pas combien elle persiste chez les vieillards, en ce qui touche aux faits relatifs à leur jeunesse, tandis qu'elle est rétive pour les faits récents.

A la suite de certaines blessures, ou de contusions à la tête, on a vu des pères qui ne se souvenaient plus d'avoir des enfants, des écrivains qui avaient oublié le titre de leurs œuvres, puis, la fièvre ayant cessé, ils recouvraient la mémoire. D'autres, pendant la fièvre, racontaient des faits et se rappelaient des noms qu'ils semblaient avoir oubliés et qu'ils oubliaient de nouveau une fois guéris.

CHAPITRE II

I

Jusqu'en 1820, les physiologistes croyaient que les nerfs remplissaient tous les mêmes fonctions et que tous étaient sensibles.

On s'imaginera difficilement la confusion qui devait se produire dans l'esprit de ceux qui, en étudiant les nerfs de la face, voyaient se détacher isolés du cerveau et de la moelle, outre les nerfs destinés au sens de l'odorat, de la vue et de l'ouïe, deux autres gros nerfs, le trijumeau et le facial, qui recouvrent d'une double ramification de filaments toutes les parties superficielles et profondes de la face, puis trois nerfs d'origine différente, qui vont à la langue, et quatre qui se distribuent dans le gosier, et, au milieu de ce réseau nerveux, d'autres mailles tissées de filaments subtils et de ganglions dont on ignorait l'origine.

Ce fut un physiologiste anglais, Charles Bell, qui dévida le fil de cet écheveau, en démontrant que les nerfs les plus importants de la face se réduisent à deux, en dehors des nerfs spéciaux des sens. Ayant opéré la section d'un de ces nerfs, nommé *trijumeau*, toute trace de sensibilité de ce côté de la face disparut instantanément; puis, opérant la section de l'autre, dit *facial*, il remarqua que la sensibilité était conservée, mais que les contractions musculaires cessaient pour toujours de se produire, et, par suite, les expressions de la face.

Je rapporterai ici les propres paroles de Ch. Bell, parce que ces deux expériences si simples sont encore aujourd'hui la base de toute la physiologie du système nerveux:

« Si nous coupons, dit-il, à un âne la branche du nerf trijumeau qui se distribue aux lèvres, celles-ci perdent leur sensibilité. De sorte que si l'animal touche la terre avec ses lèvres, il ne s'aperçoit pas du grain qu'on a répandu devant lui et ne montre nullement le désir de vouloir le manger parce qu'il ne le sent pas. Par contre, si nous coupons à un autre âne le nerf facial qui donne le mouvement aux lèvres, l'animal a la sensation du contact du grain, mais ne peut faire aucun mouvement pour le saisir parce que la section du nerf lui a supprimé le pouvoir de contracter les muscles de la face. »

On observe le même fait à la main, à la jambe et dans toutes les autres parties du corps ; elles conservent la sensibilité sans motilité ou réciproquement, selon qu'on a coupé l'un ou l'autre nerf.

Dans les conditions ordinaires de la vie, personne ne s'aperçoit de ces deux propriétés fondamentales du système nerveux, tout au moins on ne pense pas que les nerfs moteurs et les nerfs sensitifs soient deux appareils distincts. Les rapports qu'ils ont avec les centres nerveux et avec les nerfs de la surface du corps sont si étroits qu'il faut user d'un artifice spécial pour les séparer et les faire fonctionner isolément.

Claude Bernard, le plus grand des physiologistes français, un des écrivains les plus sympathiques et un vulgarisateur éminent, a démontré qu'on peut séparer nettement les deux sortes de nerfs, en introduisant dans le sang certains venins qui détruisent les nerfs moteurs jusque dans leurs dernières ramifications répandues dans les parties les plus inaccessibles de l'organisme.

Quand on pique la peau d'un chien avec une de ces flèches empoisonnées dont font usage à la guerre quelques populations sauvages de l'Amérique, l'animal succombe en

moins d'un quart d'heure. Ce terrible venin des flèches,
nommé *curare*, tue les nerfs moteurs et laisse persister
intacts ceux de la sensibilité et l'intelligence. Le chien
s'aperçoit à peine de la piqûre qu'on lui fait, et continue à
tourner dans sa niche. En peu de temps les membres pos-
térieurs fléchissent et n'obéissent plus à la volonté ; la
partie postérieure du corps vacille et tombe ; l'animal se
relève et retombe; enfin , les membres antérieurs fléchissent
à leur tour. Quand on appelle l'animal ou qu'on le caresse,
il répond par un mouvement de la tête, des oreilles et des
yeux; il remue la queue, mais peu après la tête aussi ne
peut plus être soulevée, le chien se couche étendu et
respire avec calme comme s'il reposait tranquillement.
L'appelle-t-on de nouveau, il remue les yeux et agite légèrement la queue sans aucune expression de souffrance.
Enfin, les muscles de la respiration cessent de fonctionner
et la vie s'éteint sans convulsions, sans secousses, tandis que, derrière l'œil immobile et vitreux, la sensibilité
et l'intelligence persistent encore inaltérées quelques
instants. Comme un cadavre qui comprendrait ce qui se
passe autour de lui, mais qui n'est plus capable de se mouvoir, il conserve le sentiment et la volonté sans avoir aucun
moyen de les exprimer.

II

Dans un travail que j'ai fait avec le professeur Guares-
chi (1), sur l'action du venin cadavérique, nous avons
trouvé que toutes les substances qui tuent lentement l'organisme doivent produire des phénomènes analogues à
ceux produits par le curare, attendu que, d'après nos
recherches, les nerfs du mouvement ont une vitalité inférieure à celle des nerfs de la sensibilité.

Pour se convaincre de ce fait, il suffit de prendre un
lapin et d'arrêter la circulation dans l'extrémité postérieure du corps. Au bout de quelques instants à peine,

---

(1) *Les Ptomaïnes, Archives italiennes de biologie*, t. II, p. 367 et t. III,
p. 241.

l'animal ne peut plus mouvoir les jambes de derrière ; si on les lui comprime, il crie et cherche à fuir, traînant avec ses membres antérieurs la partie postérieure du corps qui reste paralysée pendant quelques minutes. Une anémie rapide peut donc abolir la motilité et laisser intacte la sensibilité.

Quand la vie s'éteint lentement, que la circulation se ralentit peu à peu et que l'agonie se prolonge, je crois qu'il existe toujours un moment pendant lequel tous les muscles sont paralysés, excepté ceux de la respiration et du cœur, où tout est mort, sauf les nerfs de la sensibilité.

La main du mourant qui, par un effort suprême, s'est posée sur la tête pour bénir, est déjà retombée et ne pourra plus se relever, ni plier les doigts qui sentent pourtant l'étreinte du dernier adieu. L'œil immobile voit encore les ombres des êtres chéris qui se baissent pour déposer sur son front un baiser plein de larmes et de tendresse, et quand elle rend le dernier soupir, la mère entend encore les cris désespérés de ses enfants sans pouvoir leur faire un signe d'adieu.

III

Donc, puisque nous avons deux sortes de nerfs, ceux de la sensibilité et ceux du mouvement, cherchons à nous faire une idée précise de ce qu'on entend par mouvemen irrésistible ou réflexe. Un exemple va nous aider à nous faire comprendre. Imaginons une grande maison dont le vestibule est très éloigné de la porte qui donne sur la rue. Le cordon de la sonnette se recourbe à la porte extérieure, descend verticalement le long de la porte et se termine par une poignée. Si quelqu'un vient, il tire le fil et la sonnette sonne dans le vestibule ; la servante qui est là près ouvre aussitôt la porte en tirant le cordon. Cette série d'actions représente ce que les physiologistes nomment un *mouvement réflexe*. La servante est un centre nerveux, le cordon de la sonnette, un nerf sensible, et la corde qui ouvre, un nerf moteur. La porte est représentée dans l'organisme par les muscles ou les glandes, mais l'appareil est le même. Comme la sonnette résonne cent fois par jour dans la maison, pour toutes les affaires et pour le service intérieur, sans que nous devions nous occuper d'ouvrir la porte et sans que la servante vienne dans le cabinet pour demander ce qu'elle a à faire, nous avons dans notre système nerveux deux parties distinctes : la servante, qui est représentée par la moelle épinière, et le maître qui est le cerveau.

Cherchons ce qui arrive quand le maître n'est pas là, ou autrement dit, ce que fait un animal auquel on a coupé la tête, en ne laissant que la moelle épinière. Nous verrons qu'à mesure que le maître laisse faire la servante, celle-ci s'empare peu à peu du pouvoir et finit par remplacer le maître.

Une grenouille à laquelle on coupe la tête ne meurt pas immédiatement, elle peut encore se mouvoir pendant plusieurs jours et vivre même assez longtemps si on lui enlève seulement le cerveau.

Supposons le cas le plus ordinaire, dans lequel on a tranché la tête d'un coup de ciseau. L'animal s'agite et se tord pendant quelques instants, puis s'arrête. Et il resterait toujours immobile s'il était maintenu sous une cloche, dans un milieu humide, à l'abri de toute excitation. Mais si l'on touche une de ses jambes ou si on laisse tomber dessus une goutte de vinaigre, la grenouille cherche aussitôt à fuir et à éloigner la cause qui a troublé son repos. Verse-t-on la goutte de vinaigre sur la jambe gauche, elle cherche à s'essuyer avec la droite et vice-versa. Mais si l'on coupe ou si l'on maintient immobile une des jambes en la fixant ou en la liant, puis qu'on mette une goutte de vinaigre sur l'autre restée libre, la grenouille se sert de celle-ci pour enlever la goutte.

A première vue cela paraît un acte intelligent. On peut affirmer qu'il y a un choix, mais nous ne saurions dire que ce mouvement réclame l'emploi de l'intelligence, car un chien auquel on a tranché la moelle, un homme qui dort font les mêmes mouvements.

Ne croyez pas que ces mouvements se produisent seulement chez la grenouille ou chez les animaux inférieurs.

Nous verrons que chez l'homme également les fonctions les plus indispensables à la vie s'accomplissent sans le concours du cerveau. Fontana, un des plus célèbres physiologistes qu'ait eus l'Italie, avait déjà, vers le milieu de ce siècle, constaté qu'on pouvait décapiter des lapins et des cochons d'Inde sans déterminer la mort immédiatement. Et si l'on avait soin d'éviter une grande perte de sang, en liant préalablement les artères les plus importantes, et d'entretenir artificiellement la respiration, l'animal pouvait vivre pendant un temps assez long et se montrer encore sensible aux impressions externes (1).

IV

Jusqu'au commencement de ce siècle, on avait des idées très confuses sur les fonctions du cerveau et de la moelle épinière. Louis Rolando, célèbre physiologiste de l'Université de Turin, le premier, démontra clairement que la moelle allongée (portion de la moelle la plus voisine du cerveau) devait être considérée comme le centre du système nerveux. Aucun de ses contemporains n'a mieux connu que lui la structure des centres nerveux, c'est lui qui démontra que la moelle allongée « est le premier rudi- « ment du système nerveux, le siège de la sensibilité et des « instincts, le coordinateur des mouvements volontaires, le « centre de la vie, la cause merveilleuse des phénomènes « surprenants au plus haut degré, connus sous le nom de « sympathie et de volonté (2) ».

Lorsqu'on tranche la tête à un canard d'un coup de couteau, il ne reste pas immobile, mais s'agite, bat des ailes, et fait des mouvements comme s'il voulait s'envoler et fuir. On raconte que l'empereur Commode faisait trancher la tête à des autruches dans le cirque avec des flèches en forme de demi-lune et que celles-ci poursuivaient leur course jusqu'à la fin. Si d'un coup de hache on tranche la

(1) Fontana, *Du venin de la vipère*, t. I, page 317.
(2) L. Rolando, *Saggio sopra la vera struttura del cervello e sopra le funzioni del sistema nervoso*. Torino, 1828, sezione III, pag. 140.

tête à un chien, on voit, singulière ironie, le tronc agiter la
queue. On ne saurait douter cependant que l'animal ne
sent plus rien ; si on lui pince fortement la peau, il met la
queue entre ses jambes comme s'il avait peur, bien qu'il
soit décapité.

V

Ici se présente une grave question. Pour continuer notre
comparaison de tout à l'heure, nous dirons que quelques
physiologistes soutiennent que la servante est aveugle et
qu'elle fait tout bien, mais sans savoir ce qu'elle fait. Qu'elle
tire le cordon quand on sonne, qu'elle allume le fourneau,
qu'elle fait la cuisine et lave la vaisselle, balaie la maison,
jette les immondices, et autres choses semblables, mais
qu'elle n'a pas le discernement, qu'elle agit comme un automate et ne saurait modifier en rien ce qu'elle a toujours
fait par pur instinct. D'autres, au contraire, soutiennent
qu'il ne lui manque pas une miette de bon sens, qu'elle
aussi raisonne, et que l'âme de la maison n'est pas tout
entière dans le maître.

C'est une question très grave, attendu que s'il était démontré que la servante est aveugle et fait tout par habitude,
pauvre maître ! dirait-on, qui n'y voit pas très clair et
n'est certainement pas capable d'enseigner grand chose à
la servante.

Je dis que la question est importante aussi parce que
les plus grands physiologistes vivants s'y trouvent engagés.
Goltz et Foster, ayant pris une grenouille, enlevèrent le cerveau et puis la plongèrent dans l'eau contenue dans un vase
de verre. En la touchant, ils virent que, comme toutes les
grenouilles dans des conditions semblables, elle réagissait,
nageait, et pouvait aussi sauter hors du vase. Ayant
ensuite réchauffé l'eau lentement jusqu'à 40 degrés, la
grenouille ne faisait plus aucun mouvement ; elle ne
sentait pas que l'eau s'échauffait, ne cherchait pas à sauter
hors du vase, et finalement se trouva cuite, sans faire
aucun acte qui indiquât en elle de la sensibilité. Donc la

moelle seule ne sait pas raisonner. La grenouille se meut comme une machine toutes les fois qu'elle éprouve les mêmes excitations auxquelles elle a été habituée; elle est comme un automate qu'il est nécessaire de toucher en certains points pour obtenir un mouvement donné. Quoi qu'on fasse en dehors de ces excitations, elle y reste indifférente. Même si on la met sur le feu, elle ne se meut pas parce qu'elle ne sent pas de douleur.

Mon ami Tiegel, professeur de physiologie au Japon, fit cette autre expérience : Il prit un serpent et lui trancha la tête d'un coup. Pendant que le tronc se tordait par terre, il le toucha avec une baguette de fer rouge ; le serpent s'entortilla autour et, quoiqu'il se brulât, il ne cessait pas de s'enrouler. Donc la moelle épinière qui produit ces mouvements n'est pas capable de raison.

Mais comment s'expliquer alors tous les autres faits en apparence raisonnables ?

La structure même des centres nerveux peut donner l'apparence intelligente à des actes purement mécaniques. Supposons que les voies nerveuses qui vont aux divers muscles de côté ou d'autre laissent passer plus ou moins facilement les excitations qui partent de la moelle épinière. Quand nous laissons tomber une goutte d'acide sur une jambe, comme dans le cas de la grenouille, on verra aussitôt se mouvoir certains muscles dont les nerfs présentaient une résistance moindre pour les excitations qui émanent du centre. Mais si l'animal ne peut enlever la cause de l'irritation, l'excitation de la moelle se condense pour ainsi dire, croit, et devient enfin si énergique que la tension nerveuse s'ouvre un passage à travers les voies moins faciles, donnant ainsi naissance à d'autres mouvements moins habituels.

VI

Dans ma carrière de médecin, j'ai eu plus d'une fois l'occasion de voir la moelle épinière de l'homme blessée ou coupée. Le cas le plus intéressant fut celui d'un paysan qui,

en tombant d'un arbre, se coupa avec une serpe la moelle
dans la région du dos, un peu au-dessous des omoplates. Il
remuait le bras, parlait, mais ne sentait plus la partie inférieure du corps, ni la douleur que devait lui causer une
blessure au tibia; quoiqu'il remuât la jambe chaque fois
que nous touchions la blessure pour la panser.

Marshall Hall démontra que tous les actes de la reproduction dépendent de la partie inférieure de la moelle.
Brachet rapporte qu'un soldat qui avait eu deux enfants
était cependant paralysé complètement et insensible de la
moitié inférieure du corps. Il ne manque à un animal dont
la moelle a été tranchée que les mouvements irréguliers de
la partie séparée du cerveau qui correspondent par leur
spontanéité à ceux que nous nommons volontaires.

La grenouille et les autres animaux auxquels on a tranché la moelle sont généralement immobiles et paralysés
dans la partie séparée du cerveau ; il faut les toucher pour
qu'ils se meuvent. Si l'on touche une des pattes postérieures
du chien auquel on a sectionné la moelle dans la partie
dorsale, qu'on la pince ou qu'on la comprime légèrement,
il la plie ou la retire, mais sans en avoir conscience, comme
nous faisons nous-mêmes lorsqu'on nous touche pendant
notre sommeil. Si l'excitation est plus vive, il meut également l'autre jambe et la queue; plus forte encore, il meut
tout son corps et se met à trembler.

Ainsi, quand le cerveau manque, les excitations faibles
produisent un balancement de la queue, et les fortes, le
retrait de la queue entre les jambes. Ce qui démontre que
les phénomènes semblables, caractéristiques de la peur,
ont lieu aussi sans aucune participation de la volonté
et de la conscience.

La vivacité et l'inquiétude, si naturelles à la jeunesse, dépendent d'une grande excitabilité du système
nerveux, comme on l'observe chez les jeunes animaux.
L'âge, la race, le régime déterminent de grandes différences dans les mouvements réflexes par lesquels les animaux privés de cerveau réagissent, en admettant le même
mode d'excitation pour tous. Les inégalités que nous

observons dans le caractère correspondent à des différences anatomiques et fonctionnelles des centres nerveux.

Dans l'impossibilité où l'on est de trouver deux hommes dont toutes les parties du cerveau et de la moelle soient identiques, on doit supposer que cette différence dans la structure des éléments nerveux influe énormément sur les autres différences fonctionnelles qui semblent dépendre d'une cause d'un ordre plus élevé, connue sous le nom générique de volonté. Ce que nous croyons le résultat d'un choix libre est une nécessité fatale, conséquence d'une chaîne indissoluble de causes et d'effets, d'actions physiques et mécaniques, de réactions automatiques et inconscientes de la machine vivante.

VII

L'explication de quelques phénomènes de la peur exige que nous fassions d'abord connaître certaines propriétés des parties excitables du système nerveux. Si l'on soumet le nerf qui se rend à la jambe d'une grenouille à l'action d'un courant très faible, incapable de produire une contraction musculaire, on peut en laisser croître l'intensité lentement, d'une manière uniforme et continue, jusqu'à ce qu'il devienne très fort, sans qu'il se produise aucun mouvement et aucune réaction dans la jambe. Cette expérience démontre que les nerfs du mouvement réagissent, non par suite de l'excitation, puisqu'elle peut être très forte sans produire aucun effet visible, mais par les variations rapides et les changements brusques qui occasionnent des secousses.

Une douleur ou une peur quelconque, qui nous surprennent vivement, produisent un trouble profond dans notre organisme, tandis que si elles se produisent d'une manière lente et continue les effets en seront bien moins graves.

Au début d'une sensation, la réaction est toujours plus vive. Ce fait est vrai de tous les phénomènes du système nerveux, et il est inutile de citer des exemples, car, chacun le sait par expérience, le système nerveux se décharge à chaque réaction d'une partie de son énergie ; aussi, quand l'animal est très faible,il ne réagit plus après deux ou trois fois.

Nous comprenons maintenant pourquoi .les petites émotions subites produisent dans l'organisme des troubles profonds, tandis que des événements très graves, auxquels nous sommes préparés, ont des effets proportionnellement bien moindres.

VIII

Pline, parlant de la peur qui fait fermer les yeux lorsqu'on fait un geste de menaces, raconte que, sur vingt gladiateurs, on en trouvait à peine deux qui ne baissaient pas les paupières quand on les menaçait à l'improviste.

Il est surprenant qu'une cause si faible produise des mouvements si vifs que nous sommes impuissants à maîtriser. Lors même qu'on est persuadé qu'il s'agit d'une niche, que l'ami qui plaisante ne mettra pas le doigt dans notre œil, bien mieux, si un carreau de vitre est interposé entre nous et la main qui menace, malgré la raison et la volonté, la plupart des personnes ne peuvent s'empêcher de fermer les yeux. On dirait qu'il y a en nous deux natures, une animale non raisonnable qui commande, l'autre humaine et intelligente qui succombe.

Lorsqu'un moucheron ou un grain de poussière pénètre dans notre œil, nous le fermons irrésistiblement, malgré notre volonté, par un mécanisme automatique.

Parfois, il ne s'agit pas seulement d'un mouvement unique et saccadé, mais d'une série assez complexe de mouvements qui ont leur origine loin du point d'excitation. Pour en donner un exemple convaincant, je rappellerai un fait que j'ai pu observer dans mes recherches sur la déglutition. Cet acte que nous exécutons continuellement en mangeant n'est pas volontaire. En effet, si nous essayons de le répéter plusieurs fois de suite, nous nous apercevons immédiatement que dès que, nous n'avons plus de salive dans la bouche, un effort quelconque pour avaler devient impossible.

Pour avaler, il faut qu'une bouchée ou un liquide quelconque vienne toucher la muqueuse à la partie postérieure de la bouche. Aussitôt, les nerfs sensibles excités avisent la moelle de la présence, à la partie supérieure de l'œsophage, d'un corps qui doit être transporté dans l'estomac. De la moelle partent immédiatement des ordres successifs destinés à faire exécuter les contractions de l'œsophage, d'abord à la partie supérieure, puis à la partie voisine au dessous, puis à celle qui est plus bas, et ainsi de suite, de proche en proche, jusqu'au *cardia*. La bouchée saisie est ainsi transmise par des contractions successives de la bouche à l'estomac.

On voit donc que certaines parties du système nerveux fonctionnent automatiquement et produisent une série de contractions coordonnées dans un but déterminé, qui, au premier abord, peuvent sembler volontaires, mais qui sont en réalité mécaniques et inconscientes. Un de ces mécanismes remonte à la naissance : chacun sait que si l'on met le doigt dans la bouche d'un enfant qui vient de naître, il le suce. C'est une machine qui fonctionne sans discernement ; c'est comme si l'on touchait le bouton du ressort d'une poupée mécanique ; personne n'a pu enseigner au fœtus ce mouvement pendant qu'il se trouvait dans le sein de la mère. Au sortir de l'œuf, le poussin becquète. Dans ce cas, le mouvement n'est pas dû à un contact immédiat comme celui du doigt mis dans la bouche, mais à une sensation lumineuse, qui, après tout, n'est qu'un contact avec la chose éloignée par l'entremise des rayons lumineux. A peine l'image d'un grain se peint-elle dans son œil que le poussin becquète.

Il suffit d'observer avec un peu d'attention nos mouvements pour être persuadé que le nombre de ceux qui sont automatiques est plus grand qu'on ne pense. En hiver, au saut du lit, quand nous passons nos pantoufles, à peine touchons-nous avec les pieds chauds le cuir qui est froid, que le pied se retire automatiquement et il nous faut faire un effort pour le maintenir. Il en est de même quand le cordonnier nous prend mesure de chaussures, même sans

qu'il nous chatouille, ce n'est pas sans peine que nous
tenons le pied ferme. Quand nous touchons un fer, une
tasse ou un objet quelconque très chaud qui nous brûle,
nous l'abandonnons immédiatement et retirons la main,
et il est fort heureux que cela soit ainsi et que nous ayons
déjà abandonné l'objet qui peut nous causer quelque mal
avant d'être avertis qu'il brûle ou qu'il pique. Lors même
que nous avons perdu la conscience de nous-mêmes, dans
une maladie ou par suite d'un accident quelconque, ou
simplement pendant le sommeil, notre corps se gare automatiquement de ce qui le pique, le brûle, le refroidit, le
presse ou le comprime.

Lorsque la douleur produite par une brûlure est faible,
un seul côté du corps se meut, celui où se produit l'excitation; si la brûlure est plus étendue ou plus forte, le
mouvement s'étend au côté opposé et enfin à un degré
plus intense encore, il gagne le corps tout entier.

Cette loi, que vient de trouver Pflüger, s'applique aussi
bien aux animaux intacts et normaux qu'à ceux qui sont
privés de cerveau et sont inconscients; cela démontre que
les gestes et les mouvements si caractéristiques du corps
de l'homme, par lesquels il réagit contre une douleur im-
prévue, ne dépendent pas de sa volonté. Tout ce qu'il y a
de plus caractéristique dans les phénomènes de la peur,
les palpitations, l'oppression, la pâleur, le cri, la fuite,
le tremblement, sont des mouvements réflexes. A mesure
que la physiologie fait plus de progrès, le domaine du libre
arbitre va en diminuant et le nombre des mouvements irrésistibles augmente.

CHAPITRE III

I

Un animal privé de cerveau est une machine qui ne peut se mouvoir que sous l'influence d'excitations externes ; l'animal intact est aussi une machine, mais elle diffère des autres en ce qu'elle renferme en elle la cause qui la fait agir et se modifier.

Quand on touche très légèrement en un point de son corps un animal privé de cerveau, il ne réagit pas immédiatement mais seulement après plusieurs chocs légers et successifs. Cela résulte des expériences remarquables qui me causèrent une impression profonde quand je les vis exécuter pour la première fois par mes amis Kronecker et Stirling, au laboratoire de Leipzig. Après avoir décapité une grenouille, ils armaient d'une plume le doigt d'une patte postérieure de l'animal. Cette plume traçait des traits sur un cylindre tournant, toutes les fois que la grenouille faisait un mouvement. A l'un des doigts de l'autre patte était fixé le fil d'un courant électrique et un pendule ouvrait et fermait alternativement le courant, de manière à produire une action intermittente. C'était merveille de voir cette grenouille sans tête fonctionnant régulièrement pendant plusieurs heures. Le courant était-il faible au point de ne pas le sentir sur la langue, il fallait un plus grand nombre d'excitations, une trentaine environ

avant que la grenouille y répondit par une secousse ; au
contraire, si le courant était plus énergique, un nombre
moindre suffisait pour amener une réaction. Cela se passait
ainsi d'une manière régulière jusqu'à la mort de l'animal.

Les excitations s'accumulent dans la moelle épinière.
Chacun sait par une expérience personnelle que, si l'on a
dans le gosier quelque chose qui chatouille, l'excitation
très faible et d'abord peu sensible devient à la longue in-
supportable et nous force à tousser pour rejeter la chose.
Une légère démangeaison à la peau produit le même effet
si elle est persistante.

Il y a des impressions qui restent longtemps accumulées
dans le cerveau avant de manifester leur énergie par l'activité musculaire. Quelquefois une partie du système nerveux se charge lentement, comme une bouteille de Leyde
sous l'influence de faibles étincelles électriques. La tension
des cellules nerveuses reste pour ainsi dire latente, jusqu'à
ce que, par un contact imprévu ou une faible impression,
l'étincelle nerveuse fasse explosion. Cela ne laisse pas de
causer quelque surprise ; il semble que ce soit un bruit
accidentel, un effet disproportionné avec la cause momen-
tanée. Nous avions oublié que le feu travaillait sous la
cendre, que la force s'accumulait lentement et nous croyons
avoir accompli cet acte avec la volonté.

L'aptitude qu'a la cellule nerveuse à pouvoir accumuler
et conserver les impressions externes est un fait d'une
telle importance en physiologie que je n'en saurais trouver
d'autre plus capital. Le cerveau diffère de la moelle en ce
qu'il est plus apte à accumuler les impressions. Et cette
propriété ne tient pas à une différence de composition,
mais à une plus grande abondance des cellules nerveuses
destinées à ce travail.

La manière même dont se forme le cerveau pendant
l'évolution des animaux nous aidera à comprendre ses
fonctions. Observons les êtres les plus simples chez lesquels il n'existe pour ainsi dire que la moelle. Les nerfs
qui se détachent de la partie supérieure, pour aller aux
organes des sens, ont été soumis pendant une longue suite

de générations à des excitations plus fréquentes que les autres nerfs; les cellules qui occupent les racines de ces nerfs
ont été continuellement excitées par les impressions externes, et, par suite, les actions chimiques, la nutrition, ont
dû être plus actives et nécessiter un afflux plus grand du
sang dans ces foyers d'une plus grande activité. Les cellules se sont donc rapidement multipliées autour des racines des nerfs des organes des sens, où il s'est peu à peu
formé un terrain plus étendu. A mesure que la structure
de l'animal s'est perfectionnée, ses rapports avec le monde
extérieur se sont multipliés et les cellules nerveuses des
racines sont devenues plus nombreuses, en même temps
qu'elles ont été le siège d'une plus grande activité. Il ne
faut pas seulement se borner à la vie d'un individu pour
s'expliquer le développement d'un organe par l'exercice,
mais tenir compte du travail accompli dans le même sens
par la suite innombrable des générations.

L'hérédité, qui permet de transmettre aux enfants la
structure et les propriétés acquises par les centres nerveux, a constamment étendu, par les efforts incessants de
nos ancêtres, la masse nerveuse d'où est résulté finalement
le cerveau.

Quand vous visiterez un musée d'anatomie comparée, re-
gardez à la vitrine du système nerveux, vous y verrez que
les animaux inférieurs possèdent seulement la moelle, ou un
très petit renflement à la partie qui correspond au cerveau.
A mesure que la structure de l'animal devient plus
complexe, le renflement devient plus apparent : d'abord
semblable à un pommeau de canne, il ressemble ensuite à
une massue ; il grandit, croît, se développe de plus en
plus, à mesure qu'on arrive aux animaux supérieurs, jusqu'à ce qu'il atteigne enfin ses plus grandes dimensions
dans le cerveau de l'homme.

II

Un des plus célèbres physiologistes modernes, Flourens, avait déjà dit que toute la masse cérébrale sert aux mêmes fonctions et que, si l'on en détache une partie, la partie voisine y supplée; ce qui explique pourquoi les blessures du cerveau sont beaucoup moins graves que celles de la moelle. Même pour nous physiologistes ce n'est pas sans un profond étonnement que nous vérifions sur le vivant l'insensibilité du cerveau. On a vu des hommes auxquels on avait retranché une grande partie de leur cerveau, qui, à la suite d'accident, faisait hernie hors du crâne, ou des malades ivres ou furieux, blessés à la tête, porter leurs mains sur leur cerveau mis à découvert et le déchirer.

C'est seulement dans ces dernières années que les physiologistes sont parvenus à maintenir vivants, pendant un temps assez long, des chiens auxquels on avait enlevé la presque totalité du cerveau. Cette année même, le professeur Goltz en a amené un de Strasbourg à Londres, au Congrès international de médecine, afin de montrer les phénomènes que présente un animal dans cet état. On lit dans le mémoire de ce savant (1) qu'un chien auquel on a enlevé le cerveau a l'air stupide et ahuri; ses yeux n'ont plus d'expression, ses mouvements sont lents et incertains; on dirait qu'il emploie plus de temps qu'à l'ordinaire à se décider à faire quelque chose. Il y a dans sa démarche je ne sais quoi d'étrange et de comique, presque de solennel, qui rappelle la marche de l'oie. Il va toujours tout droit devant lui comme un automate; rencontre-t-il un petit chien, il passe par-dessus, sans se détourner et, si le chien est grand, il est capable de le soulever avec la tête ou même de le renverser, mais il ne se détournera pas. S'il se trouve en présence d'un obstacle quelconque, il cherche à le surmonter pour passer outre, tandis qu'il pourrait, en s'écartant d'un pas, trouver le chemin libre. Il

(1) F. Goltz, *Uber die Verrichtungen des Grosshirns.* Bonn, 1881, pp. 61 et suivantes.

trouve difficilement l'écuelle qui contient sa nourriture,
l'odorat le guide mieux que la vue. Il saisit brusquement
tout ce qui se présente à sa portée au point de mordre ses
propres membres en hurlant de douleur. S'il brise un os avec
les dents, il n'en sait pas retrouver les débris tombés de sa
bouche. Il est incapable de rien apprendre et on dirait qu'il
a oublié ce qu'il savait auparavant ; ainsi, par exemple, il ne
tend plus la patte à la demande de son maître ; en un mot,
toute sa vie intellectuelle est suspendue. Il continue seulement à aboyer quand on frappe à la porte, toutefois après
une attente assez longue. Deux chiens qui se détestaient
continuèrent à se mordre lorsqu'ils se rencontraient, même
après qu'on leur eut enlevé une grande partie du cerveau.
La mémoire diminue graduellement, à mesure qu'on enlève une partie de plus en plus grande de cet organe, et
enfin, elle disparaît complètement après l'ablation à peu
près complète.

III

Pour faire comprendre encore mieux comment fonctionne le cerveau, divisons-le par la pensée en deux parties,
l'une profonde ou inférieure, située à la base des hémisphères et qui forme la continuation plus directe de la
moelle, c'est le centre des mouvements involontaires provoqués par les émotions, et l'autre, la partie supérieure,
constituée par les circonvolutions, qui doit être considérée
comme le siège des mouvements volontaires.

La différence considérable qui existe entre l'intelligence
de l'homme et celle du jeune enfant tient à ce que chez
l'enfant la partie supérieure du cerveau n'est pas encore
développée, les circonvolutions sont à peine ébauchées.
Les organes de la volonté et de la parole lui manquent.
Lorsque ces organes apparaîtront et que les grandes
cellules pyramidales se multiplieront, il acquerra l'une et
l'autre. Les muscles des organes encore inactifs se mettront
en même temps à fonctionner, mais la distinction entre
ces deux parties des centres nerveux persistera toute la
vie. Des exemples permettront de mieux saisir ma pensée :

Un homme se trouve paralysé par suite d'une altération quelconque qui a détruit la communication de l'étage supérieur du cerveau avec la moelle ; le bras et la main ne remuent plus sous l'influence de la volonté. Tout à coup une personne depuis longtemps attendue survient à l'improviste, l'émotion ressentie produit une secousse dans la région cérébrale des émotions, et il peut alors soulever le bras. On sait qu'un malade dont le nerf facial est paralysé ne peut fermer les yeux et pourtant, si l'on fait semblant de vouloir lui mettre le doigt dans l'œil, il ferme aussitôt les paupières. Nous verrons plus tard l'exemple de gens restés longtemps muets qui ont subitement recouvré la parole à la suite d'une frayeur.

Les chiens auxquels on enlève une grande partie de l'étage supérieur du cerveau n'éprouvent pas de frayeur lorsqu'on les menace du fouet, mais si on le fait claquer, ils fuient immédiatement. Un rat auquel on enlève les hémisphères et les lobes optiques reste tranquille, quelque bruit que l'on fasse ; mais s'il entend un bruit qui ressemble à celui que ferait un chat, aussitôt il saute et s'enfuit.

Au moyen de certaines lésions pratiquées sur le cerveau, les physiologistes peuvent facilement supprimer l'action de la liberté dans certains mouvements volontaires. Quand on supprime les pédoncules du cervelet et quelques parties du cerveau, on peut faire marcher à volonté un chien d'un seul côté, soit à droite, soit à gauche, le faire aller en arrière ou tourner comme dans un manège. La volonté de l'animal persiste, mais tous ses efforts pour exécuter ce qu'il veut faire restent sans résultat ; le corps suit fatalement la marche qui est une conséquence de la lésion. Claude Bernard cite le cas d'un vieux et brave général qui, par une cruelle ironie du sort, ne pouvait marcher qu'à reculons.

Un grand nombre de physiologistes ont cherché dans ces derniers temps à fixer avec précision les points du cerveau dans lesquels réside l'expression des émotions ; quelle partie peut être détruite sans entraîner la perte de la vie, tandis que disparaissent toutes les expressions de la peur et de la douleur. Un des derniers écrits publiés sur ce sujet est celui de Bechterew. Cet auteur a observé que, si on présente à un chien quelque chose de répugnant à manger ou d'une odeur repoussante, il aboie et grince des dents même après qu'on lui a enlevé les tubercules bijumeaux et quadrijumeaux et qu'il ne manifeste aucune expression de dégoût et de répugnance après qu'on lui a enlevé les couches optiques. D'où il conclut que les voies suivies par les mouvements involontaires qui font contracter les muscles destinés à exprimer les émotions passent à travers la couche optique, une des parties les plus profondes de la masse cérébrale. Le plan supérieur de la volonté et le plan inférieur des émotions ont là leur point de jonction, pour mettre en action les muscles qui produisent tous les mouvements caractéristiques des passions.

IV

Occupons-nous maintenant de distinguer plus nettement ce que nous tenons de nos ancêtres sous la forme d'instincts de ce que nous acquérons par notre propre expérience.

On doit à Galien une expérience très simple et très instructive. Ayant arraché un chevreau du ventre de sa mère, il le posa immédiatement sur le sol et mit à sa portée des plats contenant de l'huile, du vin, du miel, du vinaigre, de l'eau, et du lait, afin d'observer le premier mouvement de l'animal. Celui-ci, après avoir quelque peu tremblé avant de se tenir sur les jambes, se gratta, flaira les divers plats et but le lait.

Il y a des oiseaux qui, à peine sortis du nid, saisissent les mouches avec une précision telle qu'on reste surpris de ce qu'en naissant ils aient déjà acquis une adresse qu'un long exercice pourrait seul leur faire acquérir. Certains papillons, à peine sortis du cocon, s'élancent immédiatement dans les airs en volant avec la plus grande adresse vers les fleurs où ils vont puiser le nectar.

Nous reviendrons sur ce sujet quand nous étudierons la

peur chez les jeunes enfants. Pour le moment, constatons
que l'homme en naissant est moins parfait que la plupart
des animaux, et qu'il doit acquérir à l'aide de son éducation et de son expérience un grand nombre de connaissances que les animaux possèdent déjà en venant au
monde.

· Moins les petits reçoivent de soins de leurs parents, plus
ceux-ci possèdent de connaissances instinctives; au contraire, la sollicitude et les soins des parents pour leurs
nouveau-nés sont d'autant plus grands que l'influence de
l'hérédité est plus faible.

Cette apparente infériorité dans les dons de l'instinct à
la naissance, comme celle des dons de la fortune, est
largement compensée par l'aptitude supérieure qu'ont les
animaux à accroître leur capacité intellectuelle au moyen
de l'éducation. Les avantages de l'intelligence dépassent
de beaucoup ceux de l'instinct; aussi l'homme a-t-il dompté
tous les animaux.

Rien que pour apprendre à marcher, l'homme éprouve
de grandes difficultés. Au commencement les enfants ont
une grande peur de se laisser tomber, même lorsqu'il ne
leur est pas encore arrivé de faire de chute. Nous faisons
tous nos mouvements avec peine et non sans un travail
sérieux; peu à peu, l'acte devient moins raisonné, et enfin,
à peine volontaire, nous ne saurions dire automatique, car
la volonté intervient au moins au commencement. Mais
une fois engagés dans une route pour nous promener ou
pour faire un voyage, nous pouvons marcher longtemps
sans nous en apercevoir.

Ribot (1) parle, d'après Trousseau, d'un musicien qui
faisait sa partie de violon dans un orchestre et qui était
pris de vertige épileptique pendant lequel il perdait la
conscience. « Cependant il continuait à jouer en mesure
quoique restant absolument étranger à ce qui l'entourait,
quoiqu'il ne vit et n'entendit plus ceux qui l'accompa-
gnaient. » Il nous arrive à tous de lire à haute voix sans
savoir ce que nous lisons et d'écrire un mot pour un autre,

(1) Th. Ribot, *les Maladies de la mémoire*. Paris, 1881, page 9.

quand nous sommes distraits. Bien des gens, ablés
de fatigue, ont dormi en marchant. On pourrait citer en
grand nombre des exemples qui prouvent que des mouvements qui, au début, ont coûté de grands efforts de volonté
sont devenus tellement habituels qu'on les accomplit sans
en avoir conscience.

Demandons-nous maintenant comment s'opère cette transformation du mouvement volontaire en mouvement automatique. Lorsque nous faisons pour la première fois des
mouvements compliqués, notre cerveau est le siège d'une
grande activité. Rien ne se fait sans le concours des cellules
du plan supérieur, c'est-à-dire celles des circonvolutions
auxquelles viennent en aide les organes des sens, afin de
débrouiller l'enchevêtrement d'ordres et de contre-ordres à
envoyer aux fibres musculaires. Le travail s'accomplit sous
une direction compétente et éclairée; mais à force de répéter le même travail, les communications avec le plan inférieur deviennent plus étendues et les voies plus aisées. A
la longue, le travail finit par être exécuté par le plan inférieur et sans le concours de la volonté. On comprend, en
effet, que plus une action est fréquente, plus aussi le mécanisme qui sert à l'accomplir tend à s'organiser.

Mais voici qui est plus grave : les physiologistes voudraient placer dans l'étage inférieur l'origine de ce que
nous avons de plus noble dans notre caractère, les sentiments les plus élevés de la nature humaine mêlés aux
actes automatiques et aux instincts plus matériels.

Ainsi, par exemple, l'amour de la mère pour ses enfants
est une nécessité inéluctable pour la conservation de notre
espèce. Dès lors, les animaux inférieurs, qui mettent au
monde une nombreuse progéniture, peuvent l'abandonner
sans inconvénients, tandis que, chez les animaux supérieurs, la rareté des petits doit être compensée par des
soins plus attentifs et plus prolongés des parents.

Examinons en particulier ce qui se passe chez le singe.
Nous lisons dans l'ouvrage de Brehm (1) le passage suivant
relatif au singe:

(1) Brehm, *Vie des animaux.*

« Quand le petit singe tette encore et ne peut se tenir debout, la mère est d'autant plus caressante et affectueuse pour lui. Elle s'en occupe sans cesse; le lèche, l'embrasse, le contemple comme pour se repaître de sa vue, le presse sur son sein et le balance comme pour l'endormir. A mesure qu'il grandit, sa mère lui laisse plus de liberté, sans toutefois le perdre de vue un seul instant ; elle le suit dans tous ses mouvements, le lave dans l'eau du ruisseau et le peigne avec tendresse.

« Au moindre danger elle se précipite vers lui, et pousse un cri pour l'avertir d'avoir à se réfugier auprès d'elle. S'il lui désobéit, ce qui arrive rarement, elle le corrige en le pinçant et lui donnant de véritables soufflets.

« La mort du petit est dans bien des cas suivie de celle de sa mère. Les singes abandonnent généralement un des leurs qui tombe blessé dans la lutte; une mère, au contraire, défend son petit contre un ennemi quelconque, si formidable qu'il soit. Elle cherchera d'abord à s'enfuir avec lui, mais, s'il lui arrive de le laisser tomber, elle pousse un cri perçant et s'arrête, la bouche ouverte, grinçant des dents, et les bras tendus d'une manière menaçante. »

Duvaucel raconte l'émotion profonde qu'il éprouva après avoir tué un singe femelle : « C'était une pauvre mère qui portait son petit, la balle l'atteignit dans le voisinage du cœur. Faisant un effort suprême, elle prit son petit, l'attacha à un rameau et tomba morte de l'arbre. Je n'ai jamais senti, dit-il, un plus grand remords d'avoir tué un être qui, au moment même de mourir, se montrait si digne d'admiration par sa tendresse. »

Qu'il s'agisse d'instinct ou d'affection, s'il y a une différence entre l'amour d'un homme et l'amour d'un singe, peu m'importe. Les choses se passent ainsi pour que la conservation de l'espèce soit assurée, mais cela ne saurait diminuer en rien l'admiration que nous devons avoir pour des mécanismes aussi parfaits.

Je crois n'avoir aucun mérite à aimer ma mère. Je me souviens de ce qu'elle a fait pour moi, et, lors même que notre affection mutuelle serait purement et simplement un

acte instinctif, que tous les deux nous n'aurions pas eu la
liberté d'agir autrement, je me réjouirais tout autant d'être
construit de telle sorte que je ne puisse retenir les battements de mon cœur quand je revois son image; ma plainte
et mes regrets n'en sont pas moins sincères. Quoiqu'elle
soit morte depuis de longues années, je me sens encore
attiré vers sa tombe pour honorer sa mémoire, la visiter
avec la plus vive émotion et dans la douleur la plus profonde, je me félicite d'être un automate qui garde le culte
d'une affection capable de renouveler la douleur et les
larmes du dernier adieu.

CHAPITRE IV

LA CIRCULATION DU SANG DANS LE CERVEAU PENDANT LES

ÉMOTIONS.

I

Quand nous mettons des gants très étroits, nous sentons dans nos doigts une légère pulsation qui répond au rythme des battements du cœur. Cette pulsation résulte de ce qu'à chaque contraction du cœur, 180 centimètres cubes de sang, soit à peu près la capacité d'un verre ordinaire, sont lancés hors de la cavité thoracique. Tous les organes qui reçoivent cette ondée sanguine augmentent de volume, comme il arrive pour les artères qui se dilatent, puis reprennent leur volume primitif. Si les mains sont libres, nous ne nous apercevons de rien, mais si elles sont serrées dans les gants, ou les pieds dans une chaussure trop étroite, le battement se fait sentir parce que le sang chassé par le cœur heurte la peau qui ne peut fléchir comme dans les conditions naturelles, et comprime à chaque pulsation les filaments extrêmement subtils des nerfs qui se ramifient sous la peau.

Un panaris, un flegmon, une contusion, une brûlure fait gonfler le doigt, et subitement les pulsations d'abord insensibles se font sentir d'une manière continuelle et causent une douleur aiguë et pongitive. Le sang afflue en plus grande abondance dans la partie enflammée, l'élasticité des tissus diminue, la peau cède moins facilement. Les nerfs se trouvent comprimés, et, déjà rendus plus sensibles par la maladie, ils causent une sensation douloureuse qui se renouvelle à chaque battement du cœur.

Dans aucun organe, l'afflux du sang n'est aussi abondant qu'au cerveau ; qu'il nous suffise de dire qu'il y passe le cinquième de tout notre sang. Quand nous sommes couchés sur le côté, une joue sur l'oreiller, nous sentons les ondes sanguines qui vont du cœur au cerveau. La pulsation des artères soulève la peau et ce mouvement produit un léger bruit qui par la joue se transmet à l'oreille. Mais le choc du sang contre les parois des vaisseaux, qu'on peut sentir en touchant le cou sur le trajet de l'artère carotide, ou en posant le doigt sur l'artère radiale, ou en tout autre point, n'est pas ce qui nous intéresse particulièrement. Tout un monde de faits de la plus haute importance, relatifs à la physiologie des émotions et à la circulation du sang, seraient encore ignorés si les physiologistes s'étaient bornés à tâter le pouls avec la main comme cela se pratique de temps immémorial.

Avec les vieilles méthodes, nous ne serions pas parvenus à observer les changements continuels que présente le mouvement du sang dans le cerveau, les mains et les pieds. Le physiologiste aurait ressemblé à celui qui, ayant à se rendre compte de la vie d'une ville, n'aurait pu que regarder du haut d'une terrasse le va-et-vient de la foule et le mouvement de la population dans les rues. C'est seulement dans ces dernières années qu'on a réussi à pénétrer pour ainsi dire par le toit dans la maison, pour surprendre la vie intime de chaque famille. Comparaison à part, on s'est mis à étudier l'irrigation sanguine dans les organes pendant l'activité ou le repos. Le pouls dans les dernières ramifications des vaisseaux et dans l'intimité des tissus organiques est un phénomène subtil et délicat qui réclame, pour l'interpréter, l'aide d'appareils spéciaux qui l'amplifient.

II

Je n'imiterai pas ceux qui par la crainte de profaner. la science, se font un devoir de négliger le côté artistique de leurs recherches. Il y a toujours, dans toute recherche expérimentale, une partie intéressante entièrement perdue à cause de l'aridité et de la gravité du style des mémoires scientifiques ; pour moi, je m'abandonne au cours de mes idées, peu m'importe si mon livre est par trop différent des traités scientifiques.

Le premier travail que je publiai sur la circulation du sang dans le cerveau humain me rappelle un triste souvenir. Au mois de juin 1875, mon ami le professeur Carlo Giacomini m'invita à voir une de ses malades. C'était une paysanne de trente-sept ans qui avait eu six enfants. Son mari l'avait infectée de la plus terrible maladie dont puisse être victime une mère. Depuis neuf ans circulait dans ses os, avec de courts moments de relâche, le venin homicide qui les avait corrodés. Une grande partie du squelette était détruit, ainsi que la partie supérieure du crâne, les os du nez et l'occipital. La médecine était restée impuissante à arrêter le cours de la maladie. Quand le professeur Giacomini accueillit avec bonté cette femme à l'hôpital, elle était défigurée, son corps était couvert de plaies et de cicatrices, la peau de la tête était déchirée sur plusieurs points, le crâne corrodé avait une couleur noirâtre, on eût dit les os d'un mort encastrés dans la chair d'un vivant.

Après avoir écouté de cette malheureuse l'histoire de ses souffrances, ce fut avec une émotion douloureuse, causée par la pitié qu'elle m'inspirait, que j'ai vu pour la première fois, à travers la fissure de l'os carié, le cerveau découvert en mouvement ; aujourd'hui, après huit années écoulées, j'éprouve encore, en y pensant, l'impression que je ressentis alors.

La malade, à la suite d'une médication énergique, était rétablie et depuis quelques semaines elle pouvait se promener au jardin. Nous commençâmes alors à observer son cerveau. Je ne décrirai pas les instruments construits à cet effet, je dirai seulement que nous avions perdu un temps précieux en tentatives diverses et que nous ne fûmes prêts que lorsque le meilleur moment pour l'observation était passé. La plaie était cicatrisée et le pouls moins apparent. Toutefois il nous fut permis de faire des observations assez importantes et les résultats obtenus étaient alors les plus complets que l'on connût.

Voici qui donnera un exemple de la sensibilité de l'appareil et montrera l'exactitude de nos recherches : un jour, nous étions en train, le professeur Giacomini et moi, d'observer le cerveau de notre malade ; elle était assise commodément sur un siège et paraissait distraite. Un petit nombre de personnes se trouvaient dans la salle avec ordre de rester immobiles derrière la malade. Nous regardions dans un silence religieux la courbe que traçait le pouls cérébral sur l'appareil enregistreur, lorsque tout à coup, et sans cause apparente, les pulsations devinrent plus amples et le cerveau se gonfla. Préoccupé de ce fait imprévu, je demandai à la malade comment elle se sentait, et elle me répondit : bien. Cependant, en présence de cette modification dans la circulation, j'examinai plus attentivement l'appareil pour m'assurer que rien n'était dérangé. Je la priai de nouveau de me dire exactement ce qu'elle pensait deux minutes auparavant. Elle me dit alors que pendant que, distraite, elle avait jeté les yeux sur l'armoire placée en face, elle avait vu un crâne à travers les livres, ce qui, en la faisant songer à sa maladie, lui avait causé une émotion pénible.

Cette pauvre femme se nommait Marguerite ; elle était un peu timide, mais se laissait observer volontiers, pleine de confiance en nous qui étions pleins de prévenances pour elle. Ses enfants la visitaient souvent : mais elle redoutait de retourner dans son pays horriblement défigurée, et, lorsqu'elle fut guérie, elle préféra rester loin de sa famille et se fit infirmière à l'hôpital. Après bien des années, j'ai voulu la revoir. Quand je lui serrai la main pour lui donner du courage, elle me dit que définitivement elle ne désirait plus mourir.

III

Le hasard a voulu que je n'aie pas eu à interrompre mes observations. Je trouvai immédiatement à Turin, et ailleurs, de nouvelles occasions de poursuivre mes études. Au Manicome se présenta un jeune garçon auquel il manquait une partie du crâne ; en 1877, à l'hôpital de Saint-Jean m'arriva un homme qui avait une ouverture au front qui semblait faite exprès pour l'examen auquel je me livrais ; enfin, dans l'année courante, j'ai pu répéter et compléter mes études sur un homme parfaitement sain qui avait également une ouverture au front. Je n'ai pas encore eu le temps de publier mes observations et mes expériences sur ce dernier.

Le second cas, que j'examinai en compagnie du docteur Albertotti, était un petit garçon de onze ans environ, bien proportionné, d'une physionomie sympathique. Il avait à peine deux ans lorsqu'il tomba d'une terrasse, se fendit le crâne et se fit une forte contusion au cerveau. Depuis un an et demi, il était sujet à des attaques d'épilepsie, plus tard compliquées de manie, qui obligèrent ses parents à demander son admission au Manicome de Turin.

Quand je le vis en février 1877, il avait un peu au-dessus de l'oreille une grande ouverture du crâne recouverte par la peau, de la largeur de la paume de sa main, et au fond de laquelle on sentait les pulsations du cerveau. La terrible chute avait arrêté pour toujours le développement de son intelligence. Il était gai, vif et souriant comme un grand enfant, mais il ne savait pas parler. Chose curieuse, dans cette ruine de l'esprit, une seule idée lui était restée, un souvenir de sa vie intellectuelle d'autrefois, un mot qu'il répétait constamment: « Je veux aller à l'école. »

De toutes les études que j'ai faites, celles que j'entrepris sur ce petit garçon m'ont coûté le plus de peine, car, ayant affaire à un idiot, les plus légères difficultés prenaient des proportions considérables ; il n'était pas possible d'appliquer l'appareil sans qu'il devînt inquiet et l'arrachât de

sa tête, brisant tout ce qui lui tombait sous la main. Je
dus me limiter aux rares observations que je pouvais faire
pendant son sommeil. Encore ne dormait-il pas régulièrement. Souvent, dans mes visites de nuit, je le trouvais
éveillé à une heure très tardive; c'était plus qu'une insom-
nie, c'était une agitation qui faisait prévoir une attaque
d'épilepsie. Je le vis en proie aux accès les plus pénibles,
puis, la nuit suivante, il dormait d'un sommeil si profond,
qu'il y avait de quoi douter que le sommeil fût normal.

Dans la période d'abattement et d'assoupissement, les
vaisseaux sanguins du cerveau paraissaient relâchés, et,
à chaque mouvement du cœur, les pulsations étaient plus
fortes. Un léger bruit suffisait pour produire un mouvement dans le cerveau et un afflux de sang plus abondant,
sans que le malade s'éveillât. A peine le frôlait-on ou en
approchait-on la lampe, qu'on voyait immédiatement le
volume du cerveau augmenter et une saillie apparaître
sur le tracé des pulsations cérébrales.

Toutes les fois qu'on l'appelait par son nom, des ondes
sanguines pénétraient dans le cerveau et gonflaient les circonvolutions. Cela se passait invariablement de même, de
manière qu'on ne pouvait pas douter que les impressions
du monde extérieur se faisaient sentir au milieu d'un sommeil profond. Le secouait-on pour l'éveiller, on voyait peu
à peu la circulation se modifier, comme si l'organisme se
préparait à rétablir les conditions matérielles de la conscience et de la veille.

Souvent il balbutiait, ouvrait les yeux, remuait les mains
et se rendormait, le pouls devenait moins fort, le cerveau
diminuait de volume, et le rythme et la force de la respiration se modifiaient.

Un des spectacles les plus intéressants était d'épier dans
le silence de la nuit, et à la lueur d'une petite lampe, ce
qui se passait dans son cerveau quand aucune cause extérieure ne venait troubler la vie mystérieuse du sommeil.
Le pouls cérébral restait dix ou vingt minutes très régulier et assez faible, puis, tout à coup, et sans raison
apparente, les battements devenaient plus forts et les

vaisseaux se gonflaient. A cet état qui durait un certain
temps, succédait une période de calme, puis, de nouveau,
le sang se précipitait dans les circonvolutions, pendant que
l'appareil enregistreur inscrivait des sinuosités plus accu-
sées. Notre respiration était alors suspendue, celui qui
observait l'appareil serrait la main de celui qui veillait sur
le malade, lorsqu'il voulait l'avertir. Nos regards se rencontraient pleins d'interrogations et d'étonnement, et nous
faisions tous nos efforts pour retenir nos exclamations.

C'étaient peut-être des songes qui venaient réjouir le repos
de cet infortuné? L'image de sa mère, où les souvenirs
de la première enfance qui réapparaissaient et brillaient
dans les ténèbres de son intelligence et faisaient tressaillir
le cerveau. Ou n'était-ce pas plutôt un état maladif comme
la marche et l'arrêt d'une roue brisée, ou encore l'agitation
désordonnée de l'indicateur de la marche d'une machine
qui travaille à vide? Ou bien encore une agitation inconsciente de la matière comme le flux et le reflux d'une mer
inconnue et déserte ?

Quel contraste entre l'agréable émotion causée par le
travail et la tristesse du lieu! La partie de la ville où se
trouve situé le Manicome a quelque chose de caractéristique que de Amicis compare au silence et à l'aspect
mystérieux d'une cité orientale. Certains soirs d'hiver, à
une heure tardive, dans la longue rue déserte, je n'enten-
dais que le bruit de mes pas qui ouvraient une voie sur la
neige. Dans le long dortoir de l'hôpital, la faible lueur d'une
lampe ne pouvait dissiper les ténèbres du fond. Si bien que
je m'étudiasse à traverser la salle d'un pas léger pour ne
pas troubler le sommeil de ces malheureux, il semblait que
bon nombre assis sur leur lit, m'attendaient, les yeux
grands ouverts, pour pousser un cri. D'autres restaient
découverts malgré la rigueur de l'hiver, avec le regard
immobile et vague. D'autres, enfin, attachés afin qu'ils ne
pussent tourner leur fureur insensée sur eux ou sur leurs
voisins, suivaient mon passage d'un œil féroce.

Quel spectacle décourageant pour un médecin, et pour
moi qui venais étudier le cerveau! Au fond de la salle se

trouvait un cabinet où je veillais. Je devais souvent interrompre le cours de mes recherches pour visiter, la lampe
à la main, les plus inquiets, les priant, les suppliant de se
taire, de rester un instant tranquilles ; mais c'était peine
perdue ; caresses, dons, menaces, rien n'y faisait, impossible d'obtenir la paix. Et quand, à une heure avancée de
la nuit, j'abandonnais, découragé par les insuccès de mes
expériences, ce lieu de douleur, ils étaient encore à me
regarder avec ce regard fixe et impénétrable de sphinx, et
avec un malin sourire de démon. En retournant par la rue
déserte, je croyais sortir d'une vision fantastique.

IV

Les physiologistes pourront attendre encore longtemps
avant de rencontrer un cas aussi favorable que celui de
Bertino, pour étudier la circulation sanguine du cerveau.
Il avait une ouverture au beau milieu du front, qui semblait
faite exprès pour regarder à l'intérieur du crâne, comme
un philosophe ancien en souhaitait une pour lire dans le
cœur humain.

Malheureusement pour moi, il était à Turin pour peu de
temps et je ne pus l'observer que pendant une semaine.
C'était un robuste habitant des Alpes qui souffrait de la
nostalgie et semblait avoir honte de son infirmité. En
juillet 1877, pendant qu'il était à travailler au pied du clocher
de son village, il fut atteint à la tête par une tuile qui avait
glissé des mains d'un maçon qui était sur le toit, à une hauteur de quatorze mètres. Bertino tomba sur le sol foudroyé.
Il me dit qu'il ne se souvenait de rien, si ce n'est d'avoir reçu
un coup sur la tête et qu'il avait repris connaissance une
heure après. Le souvenir le plus lointain qu'il avait de cet
accident se reportait à l'instant qui précédait le coup. Il se
rappelait qu'il était debout sous le campanile, regardant un
compagnon qui plongeait les tuiles dans l'eau, puis il y eut
dans son esprit une période de ténèbres et, quand la conscience lui revint, il se trouva tout étonné au lit, pendant
que le chirurgien lui présentait sa montre en lui deman-

dant l'heure qu'il était. A partir de ce moment, l'intelligence lui était revenue. Le choc terrible avait produit une ouverture de la dimension d'une pièce de cinq centimes. Au fond, on voyait battre le cerveau mis à découvert. Après avoir été alité pendant vingt-quatre jours, il vint à pied jusqu'à Turin. Mon ami, le docteur de Paoli, me le fit connaître. Il n'avait rien perdu de ses forces, de son intelligence, de sa parole et de sa mémoire, seulement il avait une grande peur, une expression continuelle de défiance, et pour les plus petites choses une crainte très grande qu'il cherchait vainement à dissimuler.

Je dois avertir le lecteur que dans toutes les fractures du crâne la période opportune pour l'observation du cerveau est toujours assez courte. Les ouvertures trop grandes se prêtent mal à l'application des instruments, les petites conviennent mieux, mais par contre elles se cicatrisent beaucoup plus rapidement. Quand je vis Bertino, le meilleur moment était déjà passé. Toutefois l'étude que j'ai faite, au jugement de physiologistes compétents, est la plus complète qui ait été publiée jusqu'à ce jour.

Dix-huit mois après, je lui écrivis pour le prier de venir à Turin parce que je désirais le voir. Il vint tout de suite et me raconta que, s'il n'avait pas quitté l'hôpital, il y serait mort de mélancolie ; qu'il ne pouvait rester dans une salle remplie d'agonisants et, d'ailleurs, sa femme et ses enfants l'attendaient à la maison où il avait à s'occuper des travaux de la terre. — L'ouverture du crâne s'était fermée et il n'était plus possible de voir les mouvements du cerveau.

V

Voyons décidément comment écrit le cerveau quand c'est lui-même qui fait mouvoir la plume. J'ai déjà recueilli plusieurs volumes d'autographes pareils à celui que je donne comme exemple de ce qu'écrivait le cerveau de Bertino dans la nuit du 27 septembre 1877. Il était étendu sur un canapé, j'avais appliqué l'appareil sur son front et je regardais la plume qui courait sur le cylindre en attendant ·

qu'il s'endormit. Au commencement, la plume inscrivait
de grandes ondes, signe certain d'une vive agitation des
vaisseaux sanguins du cerveau ; puis elles se modifiaient
profondément, en changeant peu à peu de forme et de hauteur, malgré le profond silence qui régnait. J'aurais pu lui
demander à quoi il pensait, je ne le fis pas, parce qu'il me
tardait de le voir endormi. Enfin, les ondulations commen-
cèrent à diminuer, à devenir moins hautes et plus rares,
séparées les unes des autres par de longues périodes de
repos, comme il arrive à la surface d'un lac calme, sur
lequel, de temps en temps, court une onde légère. Bertino
dormait : le sentiment de son existence était suspendu, les
pensées pénibles de la vie avaient cessé, mais la dernière
sentinelle du système nerveux veillait encore. Au plus
léger bruit qui se faisait autour de lui, une onde sanguine
envahissait aussitôt la surface cérébrale. La cloche de l'hôpital venait-elle à sonner les heures, quelqu'un passait-il
sur la terrasse, remuait-on une chaise, remontait-on une
montre, quelque malade toussait-il dans la chambre voisine, cela suffisait pour modifier d'une manière très apparente la circulation du cerveau, et la plume écrivait immédiatement ces modifications sur l'appareil enregistreur.

Depuis une heure et demie, Bertino respirait régulièrement avec la forme et le rythme d'une personne endormie,
je me levai avec beaucoup de précaution, je m'approchai
de lui, et, au moment marqué d'une flèche sur le tracé, je
l'appelai à voix basse, par son nom : Bertino. Il ne remua
ni ne répondit, mais en examinant le graphique de la fig. 1,
je remarquais déjà avant la flèche quatre pulsations un peu
plus élevées que les précédentes. Cette première augmen-
tation de volume du cerveau était due au léger bruit que
j'avais fait involontairement en me levant de ma chaise
pour m'approcher de Bertino.

Après que je l'eus appelé, le cerveau écrivit trois nouvelles pulsations semblables aux premières, puis le pouls
se modifia et la plume traça quatre pulsations les unes plus
hautes que les autres. C'est le commencement de ce que
j'ai appelé une *ondulation*. La ligne du pouls s'abaissa ensuite

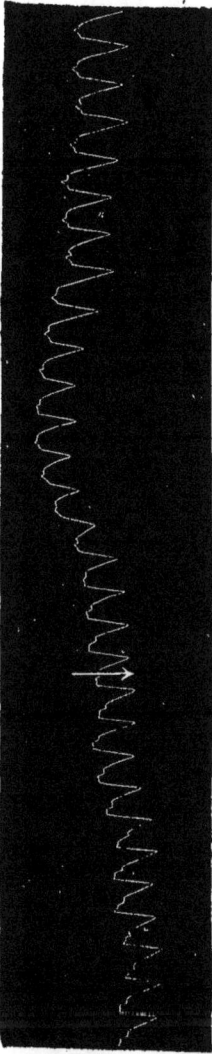

Fig. 1. — Pouls du cerveau humain pendant le sommeil.

peu à peu, par pulsations successives, jusqu'à la hauteur première. En comparant la forme des pulsations depuis le commencement jusqu'à la fin du tracé, nous avons constaté que l'émotion très faible, insuffisante pour interrompre le sommeil, avait suffi pour produire une modification profonde: Le pouls est plus fort, et sa forme, tricuspidale. Pour parler comme les physiologistes, nous dirons que le pouls d'anacrotique est devenu catacrotique. Mais les variations qui se produisent par l'effet de la peur dans la circulation du cerveau sont beaucoup plus grandes. Les admonestations et les reproches que je faisais à Bertino quand, remuant la main ou la tête, il faisait manquer l'expérience, les observations sévères que je lui faisais quelquefois exprès étaient toujours suivies de très fortes pulsations. Le pouls du cerveau devenait six, sept fois plus grand qu'auparavant, les vaisseaux sanguins se distendaient, le cerveau se gonflait et palpitait avec une telle violence que les physiologistes restaient surpris de voir les tracés que je publiai dans les planches de mes recherches sur la circulation du sang dans le cerveau (1).

VI

En 1822, un soldat du Canada, nommé Saint-Martin, reçut, à bout portant, un coup de fusil qui lui perça l'abdomen et perfora l'estomac. En peu de mois, grâce aux soins du docteur Beaumont, il guérit complètement. Il lui resta une ouverture de la paroi abdominale, à travers laquelle on pouvait voir ce qui se passait dans l'estomac. Quelques physiologistes américains eurent ainsi l'occasion d'observer commodément l'estomac, en regardant comme par une fenêtre, dans l'intérieur, pendant la digestion. Les expériences faites sur ce soldat ont permis de constater que l'estomac devient plus rouge, dès que la digestion commence. Depuis cette époque, d'autres observations ont démontré que les glandes salivaires deviennent aussi plus rouges pendant la mastication, et que les muscles également renferment une plus grande quantité de sang après un long travail. Chacun sait que les yeux de ceux qui lisent beaucoup deviennent plus rouges, que les pieds de ceux qui marchent longtemps se gonflent, et que chez ceux qui font des armes, la main et les muscles du bras qui tient l'arme deviennent plus gros.

De ces faits résulte une loi qui ne souffre aucune exception, à savoir que le sang afflue abondamment dans tout organe en travail.

Nos organes sont comme de petites machines qui ne fonctionnent activement qu'autant qu'on leur fournit le combustible nécessaire. Mais tandis que, dans une machine ordinaire, c'est une main étrangère qui attise le foyer et dirige le mouvement, dans notre organisme, la perfection est si grande que les organes se gouvernent eux-mêmes avec une entente admirable. Dans les muscles qui tra-

(1) A. Mosso, la Circolaziono del sangue nel cervello del uomo; R. Accademia dei Lincei, vol. V, série 3.

vaillent, les vaisseaux sanguins se dilatent pour transmettre plus abondamment les matériaux destinés à être
brûlés afin de transformer l'énergie des aliments en une
contraction musculaire. Au moment de la digestion, la
quantité de sang doit être plus abondante dans l'estomac,
parce que les glandes doivent sécréter une plus grande
quantité de suc gastrique, que les veinules doivent absor-
ber le liquide contenu dans l'estomac, et que les muscles
doivent se contracter plus rapidement pour remuer et
mêler la nourriture.

Non seulement notre organisme, comme toutes les machines qui travaillent, consume et détruit le combustible
représenté par les matériaux qui constituent le sang en
fonctionnant, mais, en outre, il use les parties du corps qui
représentent les roues, les essieux, les gonds, les rouages
d'un mécanisme. Toute contraction musculaire, toute sensation, tout travail intellectuel est suivi d'une usure des organes, muscle ou cerveau. En parcourant continuellement toutes
les parties du corps pour alimenter la flamme de la vie, le
sang pénètre dans les recoins les plus reculés de notre organisme, et balaie en même temps la suie et les résidus de
la combustion. Les vaisseaux se dilatent et deviennent plus
extensibles. La nutrition, les transformations des matériaux deviennent plus actives, le liquide nutritif passe plus
facilement à travers les parois des vaisseaux. Le sang court
plus vite et ramasse partout les débris de l'usure pour les
transporter aux reins qui le purifient et rejettent à l'extérieur, avec l'urine, les scories de l'organisme en travail.

Nous avons vu comment l'activité de la circulation cérébrale est plus grande pendant le travail de la pensée, sous
le coup des émotions, et pendant la veille; nous reviendrons dans le prochain chapitre sur le même sujet, en
étudiant plus intimement le mécanisme à l'aide duquel se
produisent les mêmes variations dans tous les autres organes. C'est un fait d'une importance capitale pour un
psychologue, et qui, mieux qu'aucun autre, met en évidence les liens intimes qui unissent les phénomènes psy-
chologiques aux fonctions de la vie matérielle.

Il suffit d'une légère modification dans la vitesse du sang qui pénètre dans le cerveau pour que notre moi se modifie immédiatement. L'équilibre moléculaire dans les organes où siège l'intelligence est ébranlé profondément par des causes qui ne troublent pas d'une manière appréciable les fonctions des autres parties du corps, car dans le cerveau la nutrition et la transformation des tissus sont plus actives, et par conséquent les éléments constitutifs plus instables. La plus grande importance des phénomènes psychiques tient à la plus grande complication des phénomènes qui leur donnent naissance. Si l'on me demandait quelle est, de toutes les fonctions de l'organisme, celle qui se ressent du plus léger changement résultant des modifications matérielles, je répondrais sans hésiter : la conscience.

VII

Souvent en observant le cerveau de mes malades, en réfléchissant à sa structure et à ses fonctions, en voyant le mouvement du sang qui l'arrose, j'ai songé à pénétrer dans la vie intime de ses cellules, et à suivre les mouvements qui en agitent les ramifications dans le labyrinthe des centres nerveux. J'ai supposé connues les lois des changements matériels, l'ordre, l'harmonie, l'enchaînement, les plus parfaits ; mais si loin que j'approfondisse le travail de l'esprit et que je laisse le champ libre à l'imagination, je n'ai jamais rien vu, pas même une lueur qui me donne l'espoir de remonter à l'origine de la pensée.

J'ai trouvé à l'aide de mes recherches le mécanisme par lequel la nature pourvoit à une circulation plus rapide du sang lorsque le cerveau entre en action ; j'ai admiré le premier quelques-uns des phénomènes par lesquels se révèle l'activité matérielle de cet organe ; mais même en analysant les fonctions du cerveau à l'aide des expériences les plus précises, lorsqu'il palpitait sous mes yeux, pendant le travail fiévreux de la conception ou pendant le sommeil,

malgré tout, l'essence des phénomènes psychiques reste
encore pour moi un mystère.

Nous croyons que les facultés de l'âme sont le résultat
d'une série ininterrompue de causes naturelles, d'actions
physiques et chimiques qui, des phénomènes réflexes les
plus simples, conduisent graduellement à l'instinct, à la
raison, au sentiment et à la volonté, mais on n'a encore
fait aucune découverte qui puisse laisser supposer ou tout
au moins présumer la nature de la conscience.

Ce n'est pas seulement dans le champ restreint de la
physiologie, mais dans le domaine entier de la science,
qu'il nous faut chercher les moyens d'établir nos plus
solides convictions. Nous imaginons que les impressions
du monde extérieur donnent naissance à un courant qui
pénètre par les nerfs, se répand et se transforme dans les
centres nerveux sans être détruit, pour réapparaître sous
la forme sublime de la pensée. C'est l'idée qu'avaient de
l'âme les philosophes de la plus haute antiquité; c'est aussi
la base de la psychologie moderne.

Il est permis de supposer que la pensée est un mode de
mouvement, puisque aujourd'hui la science démontre que
tous les phénomènes intimement connus se réduisent à un
mode vibratoire des atomes, à un changement de situation
des molécules.

Je puis bien raisonner sur mon cerveau par l'analogie
qu'il présente avec les autres cerveaux, mais j'ignore la
transition de l'observation externe à l'observation interne
de mon être. Entre les phénomènes physiques et les phénomènes psychiques, il existe encore un abime que nous ne
saurions combler.

L'âme fut considérée par les anciens comme une harmonie. Mais comment des vibrations des molécules qui constituent le cerveau résulte cette sublime harmonie de l'imagination, de la mémoire, des affections et de la pensée,
nul ne le sait. La voie par laquelle les faits psychiques
rentrent dans la transformation de la force n'est pas
encore connue.

Je connais les combinaisons chimiques qui donnent lieu

au travail mécanique des muscles de ma main qui écrit, mais j'ignore les phénomènes qui se produisent dans mon cerveau lorsqu'il pense et qu'il conçoit.

De ce que la température des muscles et des glandes s'élève pendant qu'ils fonctionnent, certains physiologistes ont conclu qu'il en était de même pour le cerveau et les nerfs. Pour mon compte, je mets en doute l'exactitude des méthodes adoptées dans ces sortes de recherches, et je réserve mon opinion jusqu'à ce que les faits soient rigoureusement démontrés. Comme la nature des combinaisons chimiques qui s'accomplissent dans le cerveau est complètement inconnue, on pourrait tout aussi bien dire qu'il se refroidit en fonctionnant. La question ne sera élucidée que lorsque nous serons parvenus à éliminer la complication extrême qu'introduit dans une semblable mesure l'afflux plus grand du sang.

Jusqu'à présent personne ne connaît les éléments qui se consument dans le cerveau pour produire la pensée ; personne ne peut imaginer comment les molécules du sang pénètrent dans le corps de la cellule cérébrale et deviennent partie de la conscience, nul ne sait comment de tout l'ensemble de la vie d'une simple cellule peut naître quelque chose qui représente la conscience et la sensibilité. Là, les doctrines ne servent plus à rien. Quand on est parvenu, par la pensée, à l'extrême division de la matière, à la localisation dernière des phénomènes psychiques, on sent qu'il est inutile de dire qu'on est spiritualiste ou matérialiste. Les doctrines se confondent dans le néant de notre ignorance. L'essence de la matière n'est pas moins incompréhensible que celle de l'esprit. Depuis Lucrèce qui donnait trente preuves de la matérialité de l'âme jusqu'aux matérialistes modernes, il ne s'est pas fait un pas en avant dans la connaissance de l'essence de la pensée. Au fond, la plupart des matérialistes détruisent un dogme pour en édifier un autre.

Si nous rejetons les hypothèses des spiritualistes, nous éloignons avec une égale sévérité des confins de la science expérimentale ceux qui aujourd'hui prétendent expliquer

4

à l'aide de doctrines matérialisées la génération de la pensée. L'anatomie et la physiologie, la connaissance de la
structure et des fonctions cérébrales ne sont pas assez
avancées, et il règne encore une obscurité profonde sur la
nature des phénomènes nerveux, sur les mouvements
physiques et chimiques qui se passent dans les parties
inconnues où siège la conscience. Ne parlons ni d'âme ni
de matière. Confessons avec franchise notre ignorance.
Ayons confiance dans l'avenir de la science et persévérons
dans la recherche de la vérité.

CHAPITRE V

I

Notre corps contient en moyenne quatre kilogrammes de sang. Ce liquide parcourt incessamment un ensemble de tubes élastiques dont le centre est au cœur. Les artères qui portent le sang du cœur à la périphérie se ramifient de manière à atteindre tous les organes pour les nourrir. Lorsque les ramifications deviennent assez petites pour échapper à la vue, comme par exemple sur les lèvres, à l'extrémité des doigts, sur les joues, aux oreilles ou en certains points de la peau, elles prennent le nom de vaisseaux capillaires. On les nomme ainsi parce qu'on en compare la finesse à celle des cheveux, mais ils sont encore plus fins. Ils forment un réseau inextricable qui donne à la peau le beau coloris qu'on appelle incarnat. Si ténus qu'ils soient, ils se divisent et se subdivisent à l'infini et forment un système de canaux ayant leurs parois propres et fermés de toutes parts. Il faut une blessure, une coupure, une contusion pour en faire jaillir le sang qu'ils renferment.

Des capillaires, le sang passe dans des canalicules d'un diamètre plus grand, qui sont les veines. Celles-ci débouchent de proche en proche, l'une dans l'autre, et forment une veine plus grande ; de même que les filets liquides donnent naissance à un ruisseau, les petits ruisseaux à une rivière, et celle-ci à un cours d'eau plus étendu, ainsi les veines recueillent peu à peu le sang, en courants de plus en plus àbondants et, finalement, le ramènent, par de grands troncs veineux, au cœur qui le répand dans les artères.

Les canalicules dans lesquels circule le sang sont revêtus de fibres musculaires, qui tantôt les dilatent et alors le volume du vaisseau devient plus grand, tantôt les contractent, et alors le volume intérieur des vaisseaux devient plus petit. La pâleur, effet caractéristique de la peur, résulte de la contraction des vaisseaux ; la rougeur, qu'occasionne parfois la pudeur offensée comme la plus belle et la plus éloquente de toutes les révélations des faits psychiques, n'est autre chose que la dilatation des vaisseaux sanguins. Ces deux phénomènes opposés ne dépendent pas du cœur, attendu qu'il bat plus rapidement et plus fort dans l'émotion de la pudeur et dans celle de la frayeur. Des centres nerveux partent d'innombrables filaments qui accompagnent les vaisseaux sanguins dans toutes les directions. Ce sont ces nerfs dits vaso-moteurs qui, sans que nous les excitions, agissent sur les fibres musculaires des petites artères et des veines et les dilatent ou les contractent.

C'est surtout au visage que se montrent le mieux les effets de la passion par la pâleur ou la rougeur subite, parce que, dans aucune autre partie du corps, les vaisseaux ne sont aussi sensibles. Il en est ainsi pour deux raisons, d'abord parce que les centres nerveux exercent sur ces vaisseaux une action plus énergique, et ensuite parce que les vaisseaux sont plus délicats, se contractent et se relâchent plus facilement pour un léger trouble apporté dans la nutrition de leurs parois. En effet, si l'on respire les vapeurs d'une substance qui, comme le nitrite d'amile, paralyse les vaisseaux sanguins, immédiatement il se produit une vive rougeur de la face. Celui qui fait cette expérience sent qu'il lui vient en quelques secondes une sorte de flamme au visage. C'est le moyen le plus simple que nous possédions aujourd'hui de produire artificiellement les phénomènes externes causés par la pudeur.

Selon les personnes, on observe des différences très notables dans la facilité plus ou moins grande avec laquelle

se produit la rougeur ou la pâleur. J'ai fait une longue série
de recherches pour voir à quel degré de température se
produit la paralysie des vaisseaux sanguins de la main,
quand on l'immerge dans l'eau chaude, puis à quel degré
et au bout de combien de temps les mains commencent à
rougir; quand nous les plongeons dans l'eau glacée ou dans
la neige. J'ai trouvé des différences notables selon les
sujets.

Une personne âgée qui, dans sa jeunesse, laissait voir
aisément les mouvements de son âme à travers ceux de son
visage, ne rougit plus à la suite d'une émotion, non parce
que la timidité a disparu avec l'âge ou que les dures épreuves de la vie l'ont aguerrie, mais seulement parce que les
vaisseaux sanguins sont devenus avec le temps moins élastiques et plus rigides. Ne voit-on pas pendant une promenade, les enfants rougir au soleil plus que les jeunes gens
et ceux-ci plus que les mères et les vieillards?

Les personnes du même âge ne réagissent pas également
aux causes extérieures ou intérieures qui tendent à dila-
ter ou à contracter les vaisseaux. Ainsi, toutes les femmes
ne rougissent pas également d'un même badinage. La
différence n'en doit pas être attribuée totalement à un
sentiment de pudicité, mais à la manière différente dont
réagissent les vaisseaux sanguins de cette personne. Dans
une même salle trop chauffée, toutes les femmes n'ont pas
les joues rouges au même degré, et si, au sortir d'une
réunion, nous saluons les personnes qui restent, en faisant
attention au serrement de main que nous donnons à chacune d'elles, nous nous apercevons facilement d'une grande
différence dans la température de leurs mains. Avoir dans
ces conditions les mains chaudes ou froides, cela ne signifie
pas autre chose que d'avoir les vaisseaux sanguins dilatés
ou contractés.

Outre cette action pour ainsi dire locale du chaud ou du
froid, il y en a une autre centrale assez importante pour
nous, celle qui produit la pâleur ou la rougeur à la suite
des émotions. Les centres nerveux peuvent, au moyen des
nerfs vaso-moteurs, modifier profondément la circulation

4

du sang dans les diverses parties du corps, et, comme
conséquence, produire les changements continuels que
subit le coloris de la peau.

Il n'est pas nécessaire de se reporter aux études faites
sur les animaux, il suffit des observations que l'on peut
faire sur l'homme pour comprendre le mode de fonctionnement de ce mécanisme nerveux. Je connais telles personnes
qui ont une sensibilité différente dans leurs vaisseaux sanguins à droite ou à gauche, et qui, pour cette raison, res-
sentent plus vivement les effets des émotions sur un seul
côté du corps.

Au bal, sur la montagne, au soleil, il est facile, pour qui
observe attentivement, de trouver une différence notable
dans le coloris des deux côtés de la face. Cela se reconnaît
à la sueur plus abondante sur une partie du front que sur
l'autre. Ma sœur, par exemple, quand elle danse, présente
un côté du visage plus rouge que l'autre. Chez elle, c'est à
la partie droite du corps que se trouvent les vaisseaux les
plus sensibles. La fatigue, la chaleur, les émotions les para-
lysent, les affaiblissent plus facilement et, par suite, ce côté
du visage devient plus rouge et contient une plus grande
quantité de sang.

Il y a peu de jours, nous fîmes ensemble une promenade sur la colline. A un certain endroit, nous vîmes passer
dans la vallée le convoi d'un enfant. Une jeune fille portait le cercueil sur sa tête comme une corbeille de fleurs.
La cloche du village carillonnait; le cortège, le prêtre en
tête, apparaissait et disparaissait tour à tour à travers la
verdure des arbres, les enfants couraient devant et derrière portant des cierges et répandant des fleurs. C'était
par un splendide crépuscule d'automne. Nous l'avions vue
peu de jours auparavant, cette belle enfant, pleine de santé,
joyeuse, avec des cheveux blonds, et maintenant, le petit
ange allait reposer pour toujours sous les cyprès du cimetière. Notre servante la portait sur la tête, elle nous avait
dit auparavant : « C'est à moi de l'ensevelir, parce que je
suis sa marraine. »

En voyant cette scène, ma sœur me dit qu'elle frissonnait

comme si elle avait la chair de poule dans toute la moitié
droite du corps, des pieds à la tête.

En général, l'excitabilité des nerfs vaso-moteurs est égale
dans les deux côtés du corps. Après de fortes émotions,
nous éprouvons une sensation de froid due à la contraction des vaisseaux répandus par tout le corps, comme si un
linceul froid enveloppait les membres et gagnait le cœur;
c'est un mélange d'impressions indéfinissables et variées
comparables aux ténèbres, au froid, à une rumeur triste
et profonde. La sensation est généralement plus vive à
la tête et au dos qu'aux bras et aux jambes. Quelquefois,
sans cause apparente, nous en ressentons de semblables.
Le peuple dit que la mort passe près de nous. C'est quel
que chose d'analogue aux contractions que nous faisons tout
à coup au lit au moment où nous nous endormons.

II

On n'avait pas encore songé à étudier la circulation du
sang aux mains et aux pieds, parce que l'œil même le plus
habile ne peut y discerner avec certitude les petites variations de la couleur de la peau et le thermomètre appliqué à
la surface du corps ne peut fournir une indication exacte.
J'ai pensé que je pouvais y parvenir commodément en me-
surant les variations de volume de la main. J'ai fait choix
d'un vase long et étroit et j'en ai détaché le fond. J'y ai introduit la main et l'avant-bras, puis je l'ai fermé herméti-
quement avec du mastic des vitriers. J'ai fermé le col au
moyen d'un bouchon traversé par un tube long et mince,
puis j'ai rempli le tout d'eau tiède.

Je pensais à part moi que, s'il venait une plus grande
quantité de sang dans la main, les artères, les capillaires
et les veines augmenteraient de volume et détermineraient
la sortie du vase d'une certaine quantité d'eau, correspon-
dant à la plus grande quantité de sang; par contre, si les
vaisseaux sanguins se contractaient, la main devenant plus
petite, l'eau contenue dans le tube devait rentrer en partie
dans le vase..

La première expérience que j'ai faite sur mon frère m'a persuadé que je ne m'étais pas trompé. J'étais alors bien éloigné de supposer qu'il me serait bientôt possible d'élever mon humble appareil à la dignité d'une méthode scientifique et d'écrire grâce à lui un nouveau chapitre dans les traités de physiologie.

Je ne voudrais pas entraîner le lecteur trop loin, en lui faisant connaître les perfectionnements introduits dans cet appareil, auquel j'ai donné le nom de *pléthysmographe* ou mesureur de changements de volume.

Peu de mois après cette première expérience, je retournai à Leipzig, chez le célèbre physiologiste Ludwig, pour lui faire part de l'idée que j'avais eue d'un instrument très simple avec lequel on pouvait obtenir le graphique des mouvements du sang chez l'homme. Je me rappelle toujours avec une émotion profonde le regard de satisfaction avec lequel il suivait sur le papier la figure que je traçais d'une main tremblante pour me faire comprendre, comme il s'en réjouissait au fond de l'âme, et la bienveillance avec laquelle il m'engagea à compléter mes études dans son laboratoire.

Je me mis vite au travail, je construisis deux appareils, un pour chaque bras, afin de pouvoir étudier la circulation simultanément dans les deux parties du corps. Le phénomène qui m'avait grandement surpris dans la première expérience faite en Italie, était l'extrême sensibilité des vaisseaux de la main qui déterminaient un changement surprenant dans le volume de la main, soit pendant la veille, soit pendant le sommeil, à la suite de la plus légère émotion. Peu de jours après mon installation au laboratoire de Leipzig, je fis une expérience dans une pièce voisine du cabinet du professeur. Mon compagnon d'études, le professeur Luigi Pagliani, se prêta avec le dévouement d'un ami à toutes les expériences.

Je voulus d'abord établir les rapports de la respiration avec le changement de volume de la main. Pendant qu'il se trouvait devant l'appareil enregistreur, avec les bras dans les cylindres de verre pleins d'eau, le professeur

Ludwig entra. Aussitôt les deux plumes qui indiquaient le volume du bras descendirent, laissant sur le papier une raie noire verticale d'une longueur d'environ dix centimètres. C'était la première fois que je voyais se produire, par l'effet d'une émotion en apparence légère, une diminution aussi considérable du volume de la main et de l'avant-bras. Le professeur Ludwig resta profondément étonné, et, avec l'affabilité qui le rend si cher à ses disciples, il prit une plume et écrivit sur le papier, au point où le *pléthysmo-graphe* avait indiqué son entrée par le changement produit dans la circulation :

« Le lion vient. »

III

Pour montrer plus clairement le déplacement continuel du sang qui s'accumule tantôt sur un point du corps, tantôt sur un autre, j'ai construit une balance assez grande qui consiste en une longue et large table sur laquelle on peut étendre un homme, comme on le voit dans la figure ci-contre. Au moyen du poids R qu'on peut faire courir sur le bord de cette sorte de lit mobile sur le point E, il est facile de maintenir un homme en équilibre quand le centre de gravité du corps est assez près du milieu de la balance. Afin que la balance ne trébuche d'un côté ou de l'autre pour toute petite oscillation, j'ai dû mettre un gros contre-poids en métal I qui peut être élevé ou abaissé à l'aide d'un pas de vis sur l'axe GH. Celui-ci, fixé verticalement au milieu de la table DC, est maintenu solidement par les tiges latérales ML.

De cette manière, le centre de gravité de la balance se trouve assez abaissé pour qu'elle ne soit pas folle, comme on dit, et ne chavire pas pour toute petite oscillation, car le contrepoids agit en sens contraire de l'inclinaison de la balance et la ramène à l'horizontalité. J'ai donné à cette balance un tel degré de sensibilité qu'elle oscille librement selon le rythme de la respiration.

Pendant qu'une personne parfaitement calme, étendue horizontalement sur la balance, repose en équilibre, on lui adresse la parole, et la balance trébuche immédiatement et

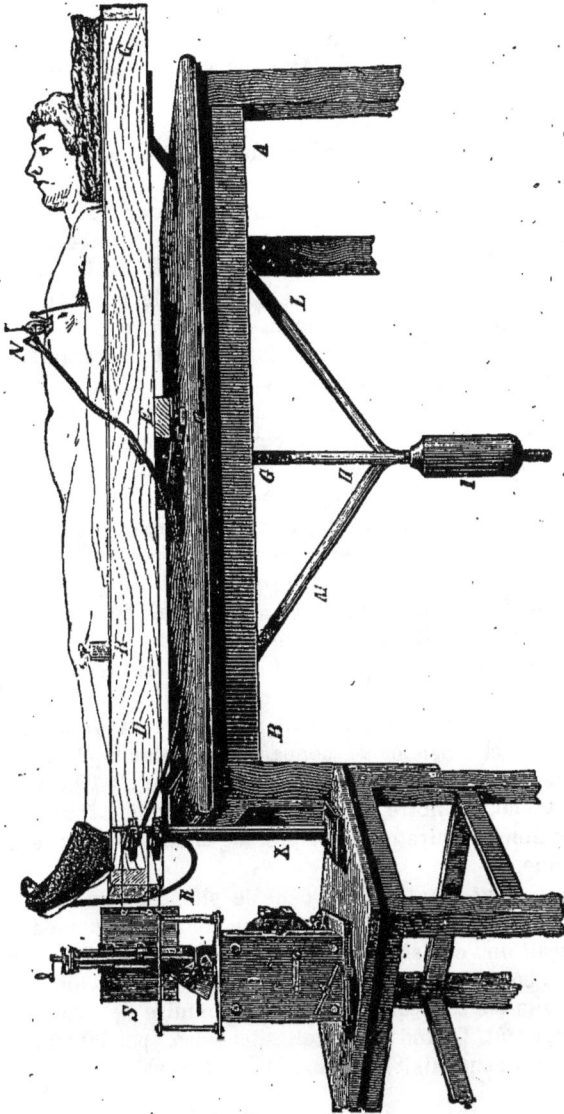

Fig. 2. — Balance pour étudier la circulation du sang dans l'homme.

s'incline du côté de la tête. Les jambes deviennent plus légères et la tête plus lourde. Et ce phénomène se produit toujours, lors même que le sujet soumis à l'expérience prend toutes les précautions pour ne pas se mouvoir, qu'il cherche à retenir sa respiration, à ne pas parler, à ne rien faire qui puisse déterminer un plus grand afflux du sang au cerveau.

Le spectacle était toujours intéressant pour mes collègues quand ils me surprenaient pendant mes recherches, tandis qu'un ami ou une connaissance dormait sur la balance. Au moment de la sieste, qui est préférable pour ce genre d'observation, il arrivait souvent que quelqu'un se balançait assoupi par les oscillations uniformes de ce berceau scientifique. A peine touchait-on la porte pour entrer que la balance chavirait du côté de la tête et restait immobile dans cette position pendant cinq, six et même dix minutes, selon que le trouble se produisait pendant que le sommeil était moins ou plus profond. Souvent, s'il s'éveillait, le sang ne se répartissait pas comme auparavant, il était nécessaire de rapprocher le point R des pieds, d'où s'était éloignée une partie du sang qui s'était dirigée vers le cerveau. Puis, peu à peu, s'il s'assoupissait de nouveau, la balance retournait à sa position inclinée du côté des pieds. Le sang s'éloignait, pour ainsi dire, des centres d'activité et se répandait plus abondamment dans les veines des pieds qu'il engorgeait. Il était nécessaire de diminuer le poids R, et finalement, pendant le sommeil profond, la distribution du sang se rétablissait, comme c'est le propre de cet état de notre organisme. Et en même temps, les oscillations respiratoires se prolongeaient d'une manière continue.

Alors, tout étant plongé dans le silence, l'un de nous faisait un petit bruit, toussait, ou remuait les pieds ou déplaçait une chaise; aussitôt la balance chavirait, s'inclinait du côté de la tête et restait immobile pendant quatre ou cinq minutes sans que la personne soumise à l'expérience s'en aperçût. Quand tout était silencieux, pendant la nuit ou au moment paisible de la sieste, j'observais souvent que,

sans aucune cause externe, des oscillations se produisaient
par suite d'un déplacement pour ainsi dire spontané du
sang, qui dépendait d'un rêve ou d'un phénomène psychique, qui agissait sur les nerfs vaso-moteurs et modifiait
la circulation du sang sans la participation de la conscience
ou au moins sans qu'il restât aucune trace de ce travail
dans la mémoire.

IV

Ma balance démontre que la plus légère émotion détermine l'afflux du sang au cerveau, mais cela ne m'a pas suffi.
J'ai voulu analyser plus en détail ce phénomène et j'ai
construit d'autres appareils pour étudier dans toutes ses
particularités la marche du sang fuyant des mains, des
pieds et des bras vers le cerveau.

J'ai observé le pouls pendant des heures de suite, non
sur un seul point, mais sur tous les points du corps, au cerveau, aux mains, aux pieds, épiant pendant la veille et le
sommeil, les plus légères modifications que l'activité de
la pensée, les impressions externes, les bruits, les songes
produisaient dans les vaisseaux sanguins.

On sait que le nombre des battements du cœur augmente
pendant la digestion, mais personne n'avait observé les modifications que subit la forme du pouls. Je les ai trouvées
si caractéristiques que, maintenant, je me fais fort, en
voyant le tracé d'une seule pulsation de la main ou du
pied, de dire si la personne était à jeun ou non. Et
même, à la vue de deux pulsations, je distinguerai celle
de l'homme qui réfléchit de celle de l'homme distrait, celle
de l'homme éveillé de celle de l'homme endormi, celle de
celui qui a chaud de celle de celui qui a froid, celle de
celui qui est agité de celle de celui qui est calme, celle
de celui qui a peur de celle de celui qui est tranquille.

Un de mes amis qui s'occupe de littérature vint un jour
me voir dans mon laboratoire, afin de s'assurer par ses
propres yeux de ces faits qui lui semblaient peu croyables. Je
fis sur lui une expérience afin de voir s'il se produirait

quelque différence dans la forme de son pouls, selon qu'il lirait un livre italien ou un livre grec. D'abord, il se mit à rire. Nous en vînmes à la preuve, et il se trouva que le pouls de sa main se modifiait profondément lorsqu'il passait d'un travail léger à celui plus intense de traduire à livre ouvert un passage d'Homère.

La vie est d'autant plus active que la circulation du sang est plus rapide, et le mouvement du sang s'accélère par suite de la contraction des vaisseaux sanguins. Il se passe dans notre appareil circulatoire ce que nous voyons dans le cours d'un fleuve où le courant devient plus rapide dans les points où le lit est plus resserré. Quand nous sommes menacés d'un péril, quand nous ressentons une frayeur, une émotion, et que l'organisme doit rassembler ses forces, une contraction des vaisseaux sanguins se produit automatiquement et cette contraction rend plus actif le mouvement du sang vers les centres nerveux.

C'est parce que les vaisseaux se contractent à la surface du corps que nous devenons pâles à la suite d'une vive émotion. J'ai mesuré exactement quelle quantité de sang fuit des mains et des pieds pendant la plus légère émotion et combien de secondes s'écoulent entre le moment où se produit l'émotion et celui où se produit la pâleur, mais ce n'est pas le lieu de donner des chiffres.

Une personne me racontait que, dans un accès de peur, elle avait vu se dégager de son doigt une bague qu'auparavant elle n'aurait pu enlever sans un grand effort. Et elle avait remarqué que le doigt était devenu réellement plus petit et la sortie de l'anneau plus aisée toutes les fois qu'elle avait une forte émotion.

Le proverbe *main froide, cœur chaud* est l'expression populaire de ce fait que les mains se refroidissent réellement quand, par l'effet d'une émotion, le sang se retire des extrémités du corps pour gagner le cœur.

Mosso. — La Peur. 5

CHAPITRE VI

LES BATTEMENTS DU CŒUR

I

De tout temps et chez tous les peuples, le cœur a été considéré comme le centre des affections, des sentiments et de la force. Le nom même de courage vient de cœur. Il y a environ deux mille ans que les physiologistes ont démontré que le cœur n'est pas le siège de la sensibilité et néanmoins les poètes et la plupart des hommes continuent à regarder cet organe comme la partie la plus sensible de notre corps.

Au mois d'août 1879, Biffi présenta à l'Institut Lombard le cœur d'un jeune homme appartenant à une famille distinguée, dans lequel il avait trouvé, à l'autopsie, une aiguille enfoncée dans la paroi gauche. C'était un malheureux qui, atteint du délire lipémaniaque, avait tué son père, puis avait cherché à plusieurs reprises à se suicider et finalement était mort fou à l'hôpital. Quand il était encore dans sa famille, environ deux ans avant sa mort, il avait dit qu'il s'était percé le cœur avec une aiguille pour se donner la mort, mais personne n'avait ajouté foi à ses paroles. Pendant toute la durée de son séjour à l'établissement, les mouvements de son cœur furent toujours calmes et réguliers, son pouls normal, sa respiration très libre, son sommeil paisible; il pouvait se coucher dans toutes les positions et ne s'était jamais plaint d'aucune douleur dans la région précordiale. A sa mort, on trouva effectivement dans son

cœur une aiguille avec une partie de la tête rouillée et
enveloppée d'une gaine qui s'était formée tout autour, la
pointe brillante et aiguë se voyait dans la cavité. L'irritation produite par la piqûre avait déterminé la formation
d'une excroissance charnue vers la pointe où le cœur était
constamment égratigné.

Cet exemple est très propre à démontrer l'insensibilité
du cœur, ce qui n'empêche pas les poètes et la voix populaire de continuer à regarder le cœur comme le centre de
la passion et des sentiments, parce que dans la peur, et
dans les circonstances les plus émouvantes de la vie, nous
sentons résonner ses coups contre le thorax, comme ceux
d'une machine cachée dans la poitrine. Ses battements
retentissent dans les oreilles et dans la tête, en nous cau-
sant une oppression extraordinaire que nous croyons produite uniquement par cet organe rebelle qui se déchaîne.

Le cœur n'est autre chose qu'une pompe placée au
centre des vaisseaux sanguins et qui, par le jeu de ses
valvules et la contraction de ses muscles, détermine la
circulation du sang des artères aux veines et lance ainsi,
dans toutes les parties du corps, le sang indispensable à
l'entretien de la vie.

II

Quand on étudie une machine, on cherche tout d'abord
quelle en est la partie essentielle et sans laquelle elle
ne pourrait fonctionner. Or, dans notre organisme, c'est le
cœur qui, de tous les organes, entre le premier en fonction
et cesse le dernier de fonctionner.

Le développement du cœur n'a été nulle part mieux
étudié que dans l'œuf de la poule où il est visible dès le
second jour de l'incubation. Dès son apparition, chez
l'homme comme chez les autres animaux, c'est un cordon
délié, ondulé en forme d'S. A la fin du second jour et au
commencement du troisième, si l'on ouvre un œuf dérobé à
la couveuse, on voit déjà les premiers rudiments du cœur
qui bat. Vers la fin de la quatrième semaine après la

conception, le cœur de l'homme a déjà à peu près la forme qu'il conservera toute la vie. C'est chose merveilleuse de voir comment, dès son apparition, le cœur lutte contre toutes les causes qui pourraient compromettre la vie. Pflüger raconte qu'un embryon humain, d'environ trois semaines, ayant été laissé toute la nuit sur un verre de montre, dans un cabinet froid, son petit cœur battait encore le matin avec des intervalles de vingt à trente secondes. Il put encore observer ces mouvements pendant une heure, puis ils se ralentirent peu à peu jusqu'à la mort complète de l'embryon.

Chez les animaux qui ne sont pas complètement développés, aucune émotion ne saurait modifier le rythme des battements du cœur. Dans une série d'expériences que j'ai entreprises sur le cœur, au début de son apparition dans l'œuf de poule, je n'ai obtenu aucun effet en appliquant le plus fort courant induit supportable avec les mains. Il y a de quoi être surpris et intéressé en voyant la ténacité et la résistance inattendues d'un tout petit cœur à peine visible, qui bat tranquillement sous l'action d'une décharge électrique qui aurait tué le cœur d'un cheval ou d'un bœuf.

Cela nous prouve combien les organes sont bien adaptés à leurs fonctions. Le rôle du cœur chez le poussin est en effet de travailler aveuglément et incessamment à mettre en circulation les atomes qui servent à l'édification du corps de l'animal, en utilisant les matériaux accumulés dans l'œuf depuis que la fécondation lui a communiqué l'étincelle de la vie. L'embryon n'a nul besoin de sentir les impressions externes, aussi manque-t-il des organes qui lui seraient nécessaires à cet effet ; les nerfs ne se montrent pas encore, le cœur seul fonctionne librement au sein de la matière qu'il organise.

III

Le cœur adulte possède une innervation notablement plus compliquée que les autres muscles ; aussi, tandis qu'un bras, une jambe détachés du corps cessent immédiatement de se mouvoir, le cœur continue à palpiter longtemps encore après avoir été enlevé du corps de l'animal. Ceux qui fréquentent les salles d'anatomie découvrent quelquefois, non sans surprise, sur un cadavre, de petits mouvements à la base du cœur, tandis que le corps est depuis plus d'un jour froid et immobile. Le cœur doit cette persistance de la vie à la structure de ses parois, baignées de sang, et, plus encore, aux petits centres nerveux nommés ganglions qui se trouvent dans ses parois. Il n'est pas pour cela à l'abri de l'influence du cerveau et de la moelle qui peuvent, dans certains cas, modifier le rythme et l'énergie de ses battements. Notre organisme est un merveilleux exemple de cette heureuse autonomie dans laquelle la liberté et les fonctions de chacun des organes sont subordonnés à l'intérêt et à l'avantage de tous les autres, tandis que l'ordre général maintient la vie et la prospérité de chacun des organes.

Le centre des nerfs cardiaques est dans la moelle allongée, dans cette partie si importante du système nerveux, voisin de ce point où la piqûre d'une épingle peut déterminer immédiatement la mort, parce qu'il est le point où concourent les voies les plus essentielles du système nerveux.

Des deux nerfs qui portent les ordres au cœur, l'un sert principalement à ralentir les battements, et a reçu le nom de modérateur, parce qu'il agit comme un frein, l'autre sert au contraire à les accélérer comme une sorte d'aiguillon, et se nomme accélérateur. C'est à Galvani que nous devons d'avoir démontré le premier qu'une irritation de la moelle produisait un arrêt, ou, comme il dit, une *incantation* du cœur. Les fonctions des nerfs cardiaques, qui peuvent être ainsi représentées comme des mécanismes très simples, sont, en réalité, beaucoup plus complexes.

IV

Les poètes ont décrit les effets des passions sur les mouvements du cœur. On se souvient de l'anecdote rapportée par Plutarque sur la manière dont le médecin Erasistrate

avait reconnu dans les inégalités et les mouvements tumul-
tueux du pouls qu'Antiochus était amoureux de Strato-
nice (1).

Nous touchons là à un des problèmes les plus importants que se proposera dans l'avenir la science criminelle,
quand elle demandera au physiologiste ce qu'il pense de
cet homme qui demeure impassible en présence des preuves
de son crime, et si dans son corps rien ne palpite plus,
d'humain ni de bestial ?

J'ai dans mon laboratoire un chien qui me sert pour
quelques études sur la fatigue. C'est un animal assez doux
que j'ai depuis des années avec deux autres chiens. Ils
me sont attachés et finiront par rester toujours avec moi,
comme de vieux amis, tant qu'ils ne trouveront pas un pro-
tecteur qui me les demande, comme il arrive souvent des
chiens affectueux et doux qui ne trouvent que dans les
laboratoires de physiologie le moyen d'échapper à la mort
sûre et cruelle à laquelle les condamne la municipalité.
Comme c'était un chien paisible, un beau jour, j'eus la
pensée de voir quel effet produirait sur lui un grand bruit.
Je me servis d'un petit appareil nommé *cardiographe* parce
qu'il transmet les battements du cœur à un style qui les
inscrit sur un cylindre de papier enfumé. J'appliquai cet
appareil grand comme une pièce de monnaie sur le point
où le cœur bat entre les côtes et je le fixai au moyen d'une
bande élastique étroite autour de la poitrine. J'obtins
d'abord le tracé fig. 3, reproduit par la phototypie : je
regrette de présenter ces graphiques au lecteur, mais
lorsqu'on peut voir ce qu'écrit le cœur lui-même, on serait
impardonnable de vouloir traduire par la parole le langage
propre et caractéristique de ses battements. Du reste, il n'y
a aucune difficulté à se rendre compte de ces tracés. La
ligne T représente le temps ; elle est écrite par une hor-
oge électrique, qui, à chaque seconde, soulève une plume
et trace une dent. C'est pour ainsi dire une ligne de
contrôle, indispensable dans l'étude graphique du pouls. La

(1) Plutarque, *Vie de Démétrius*, XXVII.

ligne T indique ici 18 secondes, et le nombre des battements du cœur est pour ce même temps de 29. Si l'on
avait appliqué le cardiographe sur la poitrine de l'homme,
on aurait obtenu un tracé analogue avec des battements
moins nombreux. A chaque battement du cœur, la plume

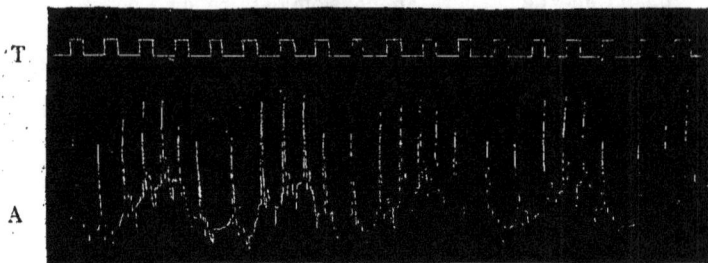

Fig. 3. — Tracé des battements du cœur d'un chien tranquille.

s'est élevée et abaissée rapidement, puis elle a écrit au bas
une ligne tremblante qui répond à l'absence de battements. Comme la poitrine se soulève et se dilate pendant
l'inspiration, la plume suit le mouvement et il en résulte
les quatre ou cinq battements qui se produisent pendant
que la poitrine se dilate, et qui viennent s'inscrire successi-
vement plus haut, puis, au moment de l'expiration, la plume
s'abaisse de nouveau, formant une sorte d'ondulation.
Dans ce tracé, obtenu pendant que l'animal était parfaitement tranquille, on voit, comme cela a lieu du reste pour
l'homme, que le cœur bat plus fréquemment à l'inspiration
qu'à l'expiration. En effet, les battements du cœur sont
plus voisins de la partie de la courbe qui va en s'élevant et
plus éloignés de la partie inférieure qui correspond à la fin
de chaque expiration.

Pendant que l'animal était profondément tranquillé, je fis
signe à mon aide de tirer un coup de fusil ; le coup man-
qua. C'était un vieux fusil de chasse, on l'avait peut-être mal
chargé, et la poudre n'avait pas pris, mais l'animal cher-
cha subitement à se soulever et, à ma grande surprise, se
montra très agité. J'avais la main sur l'appareil et je sen-

tais que les battements étaient devenus beaucoup plus
rapides et plus forts. Environ une minute après nous ob-
tînmes le tracé B, fig. 4, où l'on voit combien les battements
sont plus fréquents. L'animal était devenu si inquiet que
je dus le laisser aller en liberté. Quand il fut sur pieds, il
fit un tour dans le laboratoire, flaira partout, puis je recueillis le tracé C, fig. 4, qui montre que l'émotion n'a pas
encore cessé, si on le compare au tracé normal, fig. 3.

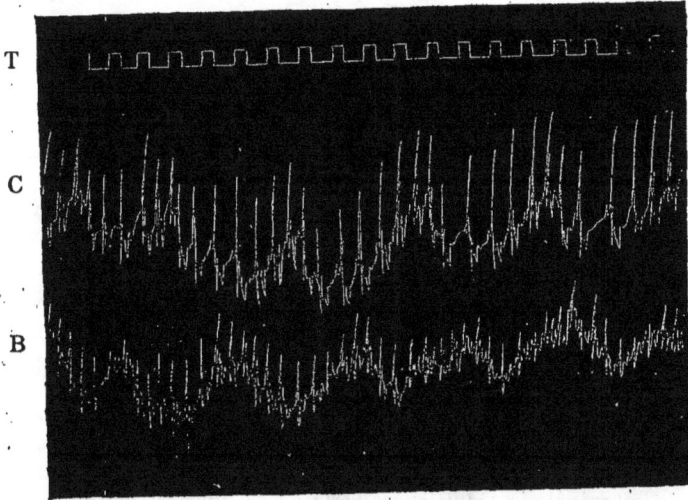

Fig. 4. — Battements du cœur du même chien pendant une émotion.

Nous étions là plusieurs personnes quand eut lieu cette
expérience, les élèves, mes assistants et le professeur Co-
rona et tous restèrent frappés du fait. Un des assistants
dit alors que ce devait être un chien de chasse. Nous l'avions
toujours regardé comme un chien de garde, parce qu'il
était trop gras et qu'il n'avait nullement l'aspect d'un chien
de chasse. Je songeai donc à faire une expérience décisive
le jour suivant.

Après avoir attendu que l'animal fût dans un état de

tranquillité complète, on lui montra le fusil, à la distance de quelques pas et sans le menacer en aucune façon. Aussitôt l'animal reconnut l'arme et s'agita de nouveau, tandis qu'un changement notable se produisait dans le tracé de ses battements cardiaques.

Mais la preuve la plus évidente qu'il s'agissait bien d'un chien de chasse, ce fut son émotion profonde et sa vive agitation dès qu'il sentit monter et lâcher le ressort pour armer le fusil. Même quand il n'apercevait rien et que

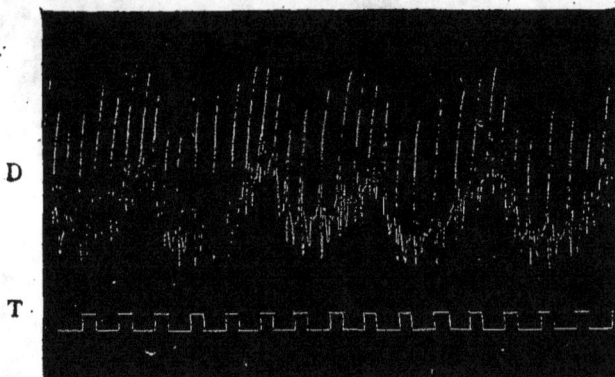

FIG. 5. — D. Battements du cœur normal écrits par le cardiographe appliqué sur la poitrine de l'animal tranquille.

le bruit était produit à une certaine distance, les battements du cœur se modifiaient subitement et l'animal cherchait à se lever et à flairer dans l'air.

A un certain moment, j'ai fait signe de l'œil à une personne, que le chien ne pouvait voir, d'armer le fusil. A peine l'animal avait-il entendu la détente qu'il s'est agité immédiatement et, pendant plusieurs secondes, il n'a pas été possible de recueillir les battements. Une minute après environ, nous avons pu obtenir le tracé E, fig. 6, où l'on voit que la respiration ainsi que la fréquence et la force de l'impulsion cardiaque sont modifiés.

Après, j'ai voulu m'assurer que cette modification du

5·

pouls était moins forte pour des bruits différents de celui de
la détente du fusil, et qu'elle ne résultait pas de la peur de
l'arme. Le jour suivant, le chien fut ramené au laboratoire,
et, pendant qu'il était couché sur la table, et que l'appareil

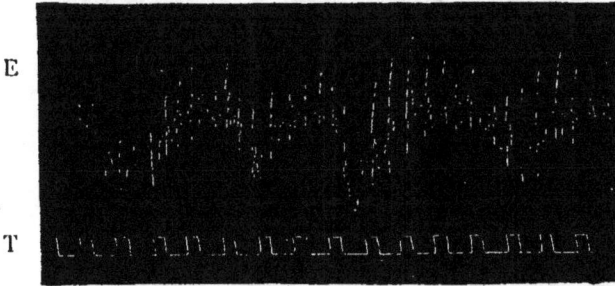

Fig. 6. — Modifications des battements du cœur par l'effet d'une émotion.

inscrivait les battements du cœur, une personne a passé
devant lui avec le fusil sur l'épaule. L'animal reconnaît
aussitôt l'arme, s'agite, cherche à se lever, son cœur bat
plus fort, il remue la queue et cherche à suivre d'un œil
satisfait le chasseur qui passe.

V

Dans le cas d'émotions vives comme la peur, il faut prendre
plus de précautions pour écrire le pouls parce que l'animal
s'agite beaucoup et cherche à fuir. Ayant à traiter d'un
sujet peu étudié en physiologie, je rappellerai quelques
expériences que j'ai faites à cette intention. La figure 7
représente le pouls de l'artère carotide d'un chien. La ligne
F se rapporte à l'animal calme, le pouls est quelque peu
irrégulier, ce qui est un fait physiologique chez le chien.
Dans la ligne G, on remarque cinq pulsations normales,
puis, en A, on voit l'effet d'un coup de fusil tiré à deux pas
du chien. L'explosion a fait trembler la plume, comme on
le voit par le profil irrégulier des deux premières vibrations. L'effet de la peur sur le cœur est immédiat ; les

FIG. 7. — Accélération des battements du cœur par l'effet de la peur en A et en B.

battements deviennent subitement trois fois plus nombreux. qu'auparavant.

. Nous attendons que le chien soit de nouveau calme. Après un quart d'heure, nous obtenons le tracé H qui représente la ligne normale du pouls, puis, immédiatement après, viennent les six pulsations de la ligne I, puis en B se voit l'effet d'un autre coup, et aussitôt le pouls devient plus fréquent.

Mais pourquoi la peur fait-elle battre le cœur plus rapidement ? Pour avoir la raison de ce fait, je dois rappeler mes observations sur le pouls, et sur la circulation du sang dans le cerveau de l'homme pendant le sommeil.

Rappelons qu'au moindre bruit, au plus léger frôlement, le pouls d'une personne endormie devient subitement plus fréquent, sans qu'elle s'éveille. Ce changement est indispensable pour activer la circulation et tirer le plus grand profit de la force de l'organisme en le préparant à la résistance. Notre machine est ainsi faite qu'elle se modifie automatiquement, selon le besoin, sans que notre volonté ait à intervenir. Les battements du cœur pendant la peur sont l'exagération d'un fait que nous voyons se produire toutes les fois que l'organisme doit acquérir une plus grande énergie et renforcer la circulation vers les centres. Il ne travaille pas pour lui, mais pour le cerveau et pour les muscles qui sont les organes de la lutte, de l'attaque, de la défense et de la fuite.

La fréquence plus ou moins grande du pouls pendant les émotions dépend de l'excitabilité plus ou moins grande des centres nerveux. Les femmes et les enfants, qui sont de leur nature plus sensibles, sont aussi celles qui éprouvent des palpitations plus vives. Quand nous disons que les femmes ont le cœur plus tendre, nous voulons dire que leur cœur réagit contre des excitants auxquels le cœur de l'homme reste insensible. De telle personne qui pâlit et rougit facilement, qui pleure et qui s'affecte vivement ou rit aux éclats, nous disons qu'elle a un bon cœur et un caractère ouvert. Mais les hommes froids, sceptiques, égoïstes, impassibles, deviennent eux-mêmes sensibles et laissent voir l'état de leur âme comme des enfants, lorsqu'ils sont affaiblis par la maladie, ou qu'une cause quelconque augmente chez eux l'irritabilité nerveuse.

Le médecin est à même de voir l'homme le plus courageux devenir pusillanime à la suite d'une simple hémorragie, ou un homme timide faire des prodiges de courage à la suite d'un afflux de sang au cerveau plus abondant qu'à l'ordinaire. La faiblesse rend les battements du cœur plus fréquents, même sans aucune cause d'émotion. Tout le monde sait qu'on se garde d'entretenir un convalescent de choses qu'en toute autre circonstance on n'hésiterait pas à lui dire.

Un de mes collègues fut malade d'une angine pendant huit jours ; quand il se leva et vint au laboratoire, j'allai le voir, je le trouvai pâle et défait, assis dans un fauteuil. Je lui demandai comment il allait, il me répondit qu'il allait très bien, mais que, pour une chose insignifiante, il avait grondé son garçon, et, en le grondant, il s'était senti pris d'une telle difficulté de respirer qu'il avait dû s'asseoir. Alors je lui tâtai le pouls et je trouvai plus de cent pulsations. Lui-même en rit et ajouta : « Je ne me serais pas figuré que mon corps si robuste fût devenu une baraque si faible pour quelques jours d'abstinence. »

VI

Comme tous les muscles, le cœur a besoin de nourriture, mais chez lui le besoin est particulièrement impérieux, car il ne se repose jamais. Le travail continu auquel il est condamné explique comment tout changement dans la composition et la quantité de sang se manifeste aussitôt en altérant sa nutrition, et, par suite, sa force. On pourrait croire que le cœur, continuellement en contact avec le sang et le distribuant à toutes les parties du corps, dût prendre pour lui la meilleure part et la plus abondante ou que la nature lui eût permis de ne mettre aucun frein à son appétit. Loin de là, la ration de chaque organe est calculée selon ses besoins. Ainsi se trouve réalisée une grande économie dans l'alimentation, car si quelque partie du corps travaille plus que les autres et consomme, par conséquent, davantage, la ration des autres se trouve diminuée. Les nerfs vaso-moteurs sont chargés de la distribution des vivres, si j'ose m'exprimer ainsi. Comme les autres muscles, le cœur prend la quantité de sang qui lui est nécessaire pour sa nourriture, hors de sa cavité, par les artères coronaires qui se détachent de l'aorte. Il existe aussi par le cœur, un régulateur et les nerfs vaso-moteurs pourraient diminuer sa ration si c'était nécessaire, en lui laissant tout juste assez de force pour accomplir ses fonctions.

Les physiologistes se sont évertués en vain dans ce dernier siècle à chercher le maximum et le minimum de nourriture du cœur, la cause de ses mouvements plus ou moins rapides. Une des doctrines les plus hardies fut celle de Giovanni Lancisi, le grand archiâtre romain, un des plus grands physiologistes de l'Italie.

Dans son livre des *Mouvements du cœur* (1), imprimé à l'imprimerie de l'Université de Rome, en 1728, il exposé une doctrine si franchement matérialiste sur la cause des battements du cœur pendant les émotions, qu'on a peine à croire que ce livre ait été dédié à la mémoire de Clément XI, et imprimé avec le sceau pontifical et avec l'autorisation du Sacré Collège. La curie romaine ne prévoyait pas que ce premier pas pourrait conduire la physiologie assez loin de ses dogmes, et ne soupçonnait pas que des idées les plus simples sur les fonctions de la machine humaine naîtrait le principe novateur de la philosophie moderne, puisque elle laissait parler librement son grand archiâtre, lui fournissait les moyens de poursuivre ses recherches physiologiques, le comblait d'honneurs et transmettait à la postérité, dans une splendide édition, son livre immortel.

Après avoir établi dans un premier postulatum, de la partie anatomico-mécanique du cœur, que *les corps des animaux sont des machines soumises aux mêmes lois que celles construites par la main des hommes,* Lancisi se

_____

(1) *De motu cordis.*

met à traiter, dans la proposition LV, de l'influence extraordinaire des nerfs du cœur dans les émotions violentes.

D'après lui, les fonctions de l'âme sont en rapport et dans
une étroite dépendance des nerfs, des ganglions et des vaisseaux du cœur. Ce sont les organes matériels qui influent
sur les mouvements de l'âme. La fougue des passions et la
vivacité des affections ont dans le cœur les engins mécaniques qui les modèrent et les régularisent. Les nerfs et les
ganglions du cœur, en lançant avec plus ou moins de force
le sang au cerveau, pourraient susciter les instincts ; le
caractère et les dispositions de l'âme dépendraient de la
structure et des modifications physiques du corps.

CHAPITRE VII

I

Le halètement a en soi quelque chose d'impérieux que la volonté ne peut dompter. Il suffit d'une légère émotion, d'un petit effort, d'une hémorragie, de la fièvre, du passage d'un lieu froid dans un autre où la température est élevée, de monter un escalier, etc., pour que subitement la respiration devienne haletante. Lorsque nous sommes calmes, il nous semble que nous pouvons modifier à notre gré les mouvements respiratoires, mais, dès que nous sommes agités, nous constatons notre impuissance à maîtriser le jeu de la machine. Notre liberté n'est complète en rien de ce qui touche aux fonctions de notre organisme. Nous sommes comme des enfants auxquels la nature ne permet de jouer que dans la mesure où le jeu ne peut compromettre leur existence.

Les variations continuelles qui se produisent dans les mouvements respiratoires ont un sens qui, pour être compris, exige que nous rappelions que notre corps est un foyer très compliqué qui doit être constamment alimenté pour entretenir la flamme de la vie. Le jeu des organes respiratoires, qui dilatent et compriment les poumons, est analogue au mouvement d'un soufflet. Nous avons deux modes de respiration, ou nous dilatons la partie supérieure du thorax, en soulevant les côtes, ou nous dilatons la partie inférieure en abaissant le diaphragme. Le premier mouvement est plus fréquent chez les femmes, l'élévation et l'abaissement des seins est tout à fait caractéristique chez elles quand elles sont émues. L'autre se remarque plutôt chez les hommes. Pendant le sommeil le diaphragme est plus particulièrement en repos et même presque immobile pour certaines personnes, mais un léger bruit, un petit choc, une parole, une cause externe quelconque réveillent aussitôt l'activité du diaphragme. Cela se passe à notre insu, d'une manière soudaine, sans que nous nous éveillions et qu'il nous en reste aucun souvenir.

Pendant quelques minutes, le sommeil devient plus léger, puis, cette faible agitation passée, la respiration reprend le rythme et la forme caractéristique du sommeil profond. Ces changements, qui se produisent sans l'intervention de la volonté, sont un des plus admirables exemples de la perfection de la machine humaine. Au moment où cesse pour nous la conscience, la nature ne saurait abandonner notre corps sans défense à l'action du monde extérieur; le laisser désarmé devant le péril et en proie à ses ennemis. Il est indispensable que, même pendant notre sommeil, une partie des centres nerveux veillent à notre insu sur le monde externe, et préparent à temps et les conditions matérielles de la conscience et les forces nécessaires pour la lutte. Tous les phénomènes inconscients qui se produisent dans le passage du sommeil à la veille concourent à augmenter la circulation du sang dans le cerveau et à activer les fonctions et l'énergie du corps. Ils constituent un véritable appareil de protection qui veille continuellement et jette le cri d'alarme quand survient un danger.

Après les fatigues de la journée, l'homme se livre au sommeil. Les muscles se relâchent, la tête et les bras se laissent aller à l'abandon, les paupières s'abaissent et ferment les yeux, les jambes fléchissent. L'activité de la veille a cessé; la chaleur intérieure se tempère peu à peu. La combustion des tissus se modère à ce point que les mouvements de la respiration qui, pendant la veille, introduisaient environ sept litres d'air par minute dans les poumons, n'en font pénétrer qu'un seul maintenant. Le cœur s'apaise : il ralentit ses mouvements et en diminue l'énergie et l'ampleur. Les vaisseaux se dilatent, la pression du sang diminue et le corps se refroidit sensiblement. Pendant cette suspension de la vie animale et cet assoupissement profond du corps, un réseau de nerfs et un amas de cellules nerveuses conservent leur énergie et veillent sur nous. Il suffit d'une parole, d'un bruit éloigné, d'un rayon de lumière, d'un attouchement léger, en un mot, d'une impression quelconque, et aussitôt le soufflet se ranime, le cœur augmente le nombre de ses battements, les vaisseaux superficiels se contractent, chassent le sang vers les centres de la vie, et les conditions matérielles de la conscience se rétablissent.

Dans la lutte pour la vie, c'est l'organisme dans lequel la vigilance inconsciente sera la plus parfaite, et qui, en présence d'un danger, pourra le plus promptement possible passer du calme le plus profond à l'activité la plus complète, qui sera le mieux en mesure de se soustraire aux dangers du monde extérieur.

II

Mes études sur la respiration de l'homme endormi ou éveillé vont nous permettre d'expliquer pourquoi la respiration devient haletante dans les émotions. Le sommeil est par rapport à la veille ce que le calme est à l'activité; la différence entre les deux états est seulement dans l'intensité du phénomène et non dans la nature et dans la qualité. Voyons-en la preuve.

Si nous voulons arriver à observer avec une grande exactitude les mouvements respiratoires, nous ne devons pas nous borner à observer les mouvements de la poitrine, il nous faut recourir à l'emploi d'un instrument d'une grande sensibilité qui révèle et écrit les plus légers mouvements de la poitrine et de l'abdomen. Cet instrument, nommé *pneumographe*, est construit de telle sorte que son application ne cause aucune gêne. Je rapporterai ici quelques observations faites sur mon chien. C'est, comme on l'a vu, un animal assez doux, qui se prête facilement aux

expériences et reste calme et endormi pendant longtemps.
Mais le plus léger bruit détermine un changement dans les
mouvements respiratoires. J'ai souvent répété cette expérience devant mes collègues pour démontrer l'influence des
phénomènes psychiques sur ces mouvements. Tout étant
silencieux, l'appareil étant disposé et le style du pneumographe traçant la courbe de la respiration, j'adressais alors
la parole à quelqu'un, ou je donnais un ordre, ou encore je
touchais légèrement l'appareil ou la table, mieux encore, je
me bornais à regarder l'animal et à lui donner une caresse
de la voix, aussitôt la respiration se précipitait.

Si l'impression était faible, l'effet ne durait que quelques
secondes. Mais le plus souvent l'effet durait plus longtemps. La présence de personnes qu'il ne connaissait pas
contribuait à modifier les mouvements respiratoires. Le
grondait-on, l'effet durait jusqu'à plusieurs minutes, pour
ne cesser qu'avec l'émotion.

Lorsque je me trouvais au laboratoire de Leipzig, je
m'occupais de recherches que je n'ai pas encore publiées
sur les changements produits dans la respiration par l'activité cérébrale. C'est là une question d'autant plus ardue
que tous les hommes ne se comportent pas de la même
manière. Dans les tracés que j'obtenais sur quelques-uns
de mes collègues qui voulurent bien se prêter à mes observations, je trouvai des différences très marquées pendant un travail sérieux de l'esprit. La cause devait en être
cherchée dans l'irritabilité variable des centres nerveux et
plus particulièrement dans ce fait que l'appareil respiratoire
réagit d'une manière opposée, selon que les émotions sont
faibles ou fortes. J'ai fait sur moi-même quelques expériences dans le but d'étudier les modifications qui se produisaient dans ma respiration lorsque, pendant que j'étais
distrait ou que je lisais, il se produisait à l'improviste un
grand bruit, comme la décharge d'une arme à feu. J'ai répété des observations analogues sur le chien et j'ai toujours constaté qu'une inspiration très profonde a lieu au
moment du bruit. A la suite, il y a une sorte d'arrêt dans
la respiration qui peut durer plusieurs secondes, et, aus

sitôt après, les mouvements respiratoires deviennent plus
fréquents qu'auparavant. Quelquefois, la décharge d'un
fusil déterminait immédiatement chez le chien une inspiration profonde, suivie d'une légère expiration et d'une faible
inspiration, pendant que la poitrine était très dilatée ; puis,
une autre inspiration profonde comme la première, laquelle
ayant cessé, la poitrine se débarrassait de l'air accumulé
dans les poumons et faisait une série de respirations plus
fréquentes avec inspirations plus rapides que dans l'état
normal. Si nous voulions trouver une raison plausible de
ces phénomènes, nous dirions que ces inspirations profondes servent à rendre plus artériel et plus vital le sang qui
passe par les poumons. L'organisme se met ainsi en état
de défense.

III

Examinons maintenant les parties qui composent l'appareil respiratoire et comment cet appareil met sa force en
œuvre. Chez l'homme les rouages de ce mécanisme ne peuvent être complètement séparés de façon qu'on puisse les
surprendre fonctionnant isolément. On a pu voir seulement
la tête des décapités accomplir des mouvements inspira-
teurs. Les médecins qui assistent les condamnés au dernier
supplice ont raconté l'effet terrible produit par cette tête
humaine agonisante, roulant sur le sol, se recouvrant immédiatement d'une pâleur cadavérique, et sur la face de
laquelle apparaissent, pendant plusieur secondes, des fré-
missements et des contractions étranges, des mouvements
désordonnés, avec l'épouvante dans les yeux. Le tronc est
déjà immobile, le sang, qui jaillissait de l'artère du cou,
lance encore à plusieurs reprises un faible jet à chaque battement de plus en plus lent du cœur, les yeux ont déjà accompli leur dernière rotation vers le haut, mais la vie n'est
pas encore entièrement éteinte, la bouche s'ouvre encore
haletante par intervalles. Les inspirations, qui s'accomplis-
saient d'abord en dilatant les narines et en ouvrant largement la bouche, deviennent rapidement moins visibles et
moins fréquentes jusqu'à ce qu'elles cessent complètement.

Si, prenant des animaux très jeunes, on arrête l'hémorragie aussitôt après la décollation et que l'on introduise la buse d'un soufflet dans la trachée de manière à maintenir artificiellement la respiration, on voit qu'après la première perturbation causée par la décapitation ils continuent à respirer bien que privés de leur tête. Quand on administre à de jeunes chats une très petite dose de strychnine ($0^g,0005$), le tronc continue à respirer après la décapitation. Les mouvements se ralentissent progressivement, parce qu'ils ne suffisent plus à maintenir à un degré suffisant l'irritabilité des centres nerveux au moyen de l'oxydation du sang.

Cette expérience très simple démontre que la respiration s'accomplit à l'aide des nerfs qui partent du cerveau et avec ceux qui partent de la moelle épinière. La conscience du moi n'est pas nécessaire, car un animal décapité, qu'on pince ou dont on comprime la patte, réagit avec modification de la respiration. Ce sont les nerfs sensibles de la peau qui transmettent à la moelle les impressions du monde extérieur. Les inspirations profondes, bruyantes et discontinues de celui qui prend une douche sont irrésistibles. C'est aussi par le même mécanisme que se produisent les inspirations profondes, lorsque nous avons peur.

A mesure que la physiologie fait des progrès, on découvre de nouveaux organes qui s'intercalent entre ceux qui composent la machine humaine. Ainsi, on avait cru, jusque dans ces derniers temps, que c'était le cerveau qui, dans les émotions, agissait sur les organes de la respiration pour en modérer ou en précipiter les mouvements; or, d'après Christiani, même chez l'animal privé de cerveau et qui, par conséquent, n'a pas de volonté, une lumière vive qui blesse la vue ou des bruits de nature à effrayer un animal peuvent déterminer des inspirations profondes et fréquentes et une respiration haletante plus forte que dans les conditions normales. Cette expérience montre que, dans les phénomènes psychiques, indépendamment de l'action du cerveau, le rythme de la respiration se modifie pour tout changement survenu autour de nous, pour toute excitation périphérique des organes des sens. Ainsi s'expliquent la respiration précipitée et les palpitations que nous ne pouvons maîtriser et qui se produisent quand nous sommes surpris par le battement d'une porte ou un coup de tonnerre ou par mille bruits qui nous saisissent à l'improviste. Et, même après que nous avons reconnu la futilité de la cause qui a produit notre émotion, nous avons de la peine à nous calmer.

C'est là que se manifestent d'une manière évidente les causes matérielles des phénomènes psychiques, et la lenteur relative avec laquelle s'accomplissent des phénomènes de la vie que l'on regardait comme les plus rapides.

De même qu'une étincelle électrique ou une lueur qui dure moins d'un millième de seconde laisse néanmoins en nous une impression d'une durée cent fois plus grande, de même que le tison ardent qu'on fait touner dans l'obscurité produit l'illusion d'un cercle de feu, de même que si l'on touche un corps brûlant nous nous brûlons la main avant d'avoir senti la douleur, de même qu'il nous arrive souvent de nous heurter, en marchant, contre un obstacle pour ne pas nous être arrêté à temps, ainsi les impressions qui ébranlent les centres nerveux produisent une longue agitation et nous n'avons pas la force de nous arrêter sur la pente où le choc imprévu d'une émotion nous a lancés. Nous avons tous éprouvé l'effet de cette inertie de notre organisme et nous savons qu'on ne parvient pas à se rendre maître même de la plus petite émotion. Si au milieu d'une promenade paisible nous voyons tout à coup une personne que nous voulons éviter, notre sang se retourne vivement. Mais voici qu'à peine nous l'avons vue nous nous apercevons avec soulagement que ce n'est pas elle, notre cœur cependant bat plus fort, le trouble et l'inquiétude ne cessent pas subitement; ils persistent comme les vibrations d'une corde après qu'elle a été choquée. Comme une flamme qui se répand dès qu'une étincelle a troublé l'équilibre des molécules des centres nerveux, comme l'écho d'un son qui se propage et s'éteint lentement dans les fibres nerveuses.

IV

Quelle sera la dernière expression de la douleur, la dernière manifestation de la sensibilité ? C'est une recherche qu'il nous faut entreprendre si nous voulons connaître l'importance relative des phénomènes qui rentrent dans notre étude sur la peur et voir quels sont ceux qui résistent plus longtemps dans la lutte contre la mort.

J'ai endormi au moyen du chloral ou enivré au moyen de l'alcool des chiens et des lapins, les plongeant dans un sommeil si profond qu'ils ne pouvaient plus s'éveiller. L'état de ces animaux ressemblait tout à fait à celui d'un homme que j'avais eu occasion d'observer en 1869 et qui s'était suicidé en buvant un litre de rhum. On ne saurait s'imaginer une mort plus calme, un abandon mieux gradué et plus lent de notre organisme dans les bras de la mort.

Dès que l'animal a absorbé le chloral ou l'alcool à haute dose, il se montre quelque peu excité. Ses jambes postérieures commencent à fléchir. Si on l'appelle, il ne peut plus se retourner sans tomber par terre ; il se relève et se remet en marche, il chancelle, il tourne, il retombe, se relève avec peine et finalement se couche étendu et tranquille. Il essaie encore de temps en temps de soulever la tête, puis s'endort d'un sommeil de plomb. La respiration continue lente et sans trouble, la température s'abaisse peu à peu, et enfin il cesse même d'agiter sa queue. Les paupières ne se relèvent plus pour laisser voir les yeux somnolents, la face ne change pas, les oreilles restent immobiles, quelque douloureux que soit le moyen par lequel on cherche à l'éveiller. On croirait qu'il est mort.

Le moyen unique que nous ayons de reconnaître si, dans ces conditions, un animal est encore sensible, consiste à voir si le cœur et les vaisseaux sanguins réagissent à des excitations douloureuses. Mon ami, le professeur Foà, dans un travail fait en commun avec le professeur Schiff (1),

(1) Foà et M. Schiff, *la Pupille comme estésiomètre*, dans l'*Impartial*, 1874, page 617.

démontre que, lors même que le cœur et les vaisseaux ne
réagissent plus, que la circulation n'est pas modifiée quelle
que soit la commotion imprimée aux centres nerveux; on
peut néanmoins observer encore, dans l'œil des traces de
sensibilité ; la pupille se dilate à chaque excitation.

· J'ai vu des chiens empoisonnés par le chloral, dont la
température s'était abaissée jusqu'à 30 degrés, tant étaient
lentes les combinaisons chimiques de la respiration, chez
lesquels aucun courant, aucune action mécanique ne pouvaient produire le plus léger mouvement des extrémités ou
de la face, dont le pouls, la pression sanguine, la pupille
étaient devenus impassibles. Les nerfs mêmes du cœur mis
à nu, taillés, irrités par un courant électrique n'avaient
aucune action sur le pouls et cependant l'animal était encore sensible. En étudiant attentivement la respiration, j'ai
pu constater qu'elle se modifiait lorsque je comprimais fortement une jambe ou que je pinçais une partie quelconque
du corps.

Les modifications de la respiration sont donc les dernières manifestations par lesquelles se révèlent la sensibilité et les émotions.

V

Nous venons de voir que, si quelques nerfs superficiels
sont irrités, il se produit une série d'inspirations plus profondes et plus fréquentes, dont l'utilité a été expliquée. Si
cependant l'excitation des nerfs est assez forte pour produire une grande douleur ou si l'on éprouve une émotion
très vive comme une frayeur, le mécanisme s'arrête au
milieu d'une profonde inspiration, et cela est nuisible.

Dans le petit nombre de cas où je me suis trouvé en
danger de perdre la vie, je me souviens d'avoir éprouvé
une angoisse très vive, comme si on me coupait la respiration. Il y a seulement quelques mois, je fus surpris dans la
montagne par un orage, et la foudre tomba à cinquante pas
de moi, je me rappelle avoir noté l'arrêt de ma respiration pendant plusieurs secondes.

Nous qui portons continuellement à droite et à gauche notre fragile machine, n'oublions pas que toute impression violente peut la déranger. Une légère impulsion donnée à la pendule peut accélérer la rotation des roues, mais un choc trop fort peut faire cesser le mouvement; si une légère poussée peut activer notre marche, une poussée trop forte peut nous renverser par terre. Ainsi, les phénomènes de la peur qui, dans une certaine mesure, peuvent avoir quelque utilité, deviennent fatals dès qu'ils dépassent une certaine limite. Aussi la peur doit-elle être regardée comme une maladie.

C'est surtout chez les enfants que les désordres de la respiration sont le plus visibles. On voit assez souvent des enfants se laisser tomber, et on remarque avec surprise qu'après avoir poussé un cri aigu, ils restent un moment silencieux; puis se mettent à pleurer bruyamment. Il s'est produit d'abord une suspension de la respiration. Lorsqu'à la suite d'un coup violent, la douleur survient à l'improviste, l'enfant fait une profonde inspiration avec la glotte resserrée, et pousse un cri aigu, après quoi se produit un arrêt spasmodique des mouvements respiratoires.

Il y a des enfants très nerveux qui éprouvent ces arrêts spasmodiques même pour de très faibles émotions. J'en ai connu un qui, un jour, se mit à pleurer abondamment parce que son père ne voulait pas l'emmener avec lui, et qui resta pendant une minute et plus dans un état de prostration complète. Il était livide, avec la bouche largement ouverte, les lèvres et le visage violets, les yeux fermés et pleins de larmes. L'asphyxie devint bientôt si complète qu'il perdit l'équilibre et tomba, rendant ses urines et ses excréments, puis il se releva comme si de rien n'était. On me dit qu'il en était ainsi toutes les fois qu'il éprouvait une contrariété.

CHAPITRE VIII

LE TREMBLEMENT

I

Les anciens physiologistes croyaient que l'âme des animaux obéissait à deux seuls stimulants, la douleur et le plaisir, et que tous les actes de leur organisme ne tendaient qu'à fuir la première et à rechercher le second. Albert Haller combattait cette idée, au siècle dernier. « Cette doctrine, dit-il, ne s'accorde en aucune façon avec les faits. Dans le cas de la peur, quand il s'agit de fuir un mal imminent, si l'on suppose tous les mouvements de l'animal dirigés en vue de sa conservation, n'est-il pas absurde que ses genoux tremblent et qu'une faiblesse subite s'empare de lui ? Tous les phénomènes de la peur communs aux animaux me persuadent qu'ils ne sont pas dirigés en vue de la conservation de celui qui a peur, mais, au contraire, qu'ils tendent à rendre sa destruction plus facile. Pour conserver l'équilibre dans la nature, il faut que les animaux les plus féconds soient détruits par ceux qui le sont le moins, il faut que ceux qui sont destinés à servir de proie ne puissent pas se défendre facilement (1). »

Je crois que Charles Darwin n'a pas connu cette explication du tremblement parce que je suis convaincu qu'il l'aurait combattue ou l'aurait au moins citée dans ses écrits. Il était trop consciencieux pour ne pas mentionner une objection à sa doctrine.

(1) Haller, *Eléments de physiologie du corps humain*, t. V, l. XVII, § 7.

Je citerai, à mon tour, un autre phénomène qui semble en désaccord avec quelques hypothèses soutenues par Spencer et Darwin. S'il est vrai que, dans la lutte pour la vie, les animaux ont toujours perfectionné les attitudes propres à leur défense et abandonné progressivement, dans les générations qui succombaient, les dispositions de l'organisme nuisibles à la conservation de l'espèce, pourquoi ne sont-ils pas parvenus à se défaire du tremblement ? Pourquoi, en présence d'un danger, lorsque l'existence est menacée, au moment le plus grave, quand rien ne serait plus nécessaire que la fuite, l'attaque ou la défense, nous voyons invariablement les animaux paralysés par le tremblement, incapables de lutter et succombant sans pouvoir faire usage de leur force ? L'hypothèse de Haller est insuffisante pour excuser une imperfection si grave de l'organisme ; il faut chercher ailleurs la raison et la cause de ce phénomène.

II

Charles Darwin, dans son célèbre livre sur *l'Expression des émotions*, dit : « Le tremblement qui est commun à l'homme et à la majeure partie des animaux n'est d'aucun avantage ; souvent même il est très nuisible et n'a pu être acquis à l'origine par la volonté, sous le coup de quelque émotion, puis rendu habituel (1). » De là il conclut que le tremblement est un phénomène très obscur et n'ajoute pas autre chose.

Paul Mantegazza a pensé que cette négligence de Darwin pour un fait aussi important était fâcheuse, et dans son remarquable travail sur la physionomie et la mimique, il écrit : « Darwin avoue qu'il ne voit aucune utilité au tremblement causé par la peur, mais, d'après mes études expérimentales sur la douleur, je le trouve utile au plus haut degré, parce qu'il tend à produire de la chaleur en réchauffant le sang qui, par l'effet de la peur, tendrait à se refroidir (2). »

(1) Darwin, ch. III, p. 71.
(2) Mantegazza, la *Physionomie et l'expression des sentiments*, ch. VII, (Félix Alcan).

Ayant à prendre un parti dans une semblable controverse, il n'y a pas autre chose à faire que d'examiner attentivement les diverses conditions dans lesquelles se produit le tremblement et de raisonner avec un esprit détaché de tout préjugé. J'avoue que je ne suis pas sans éprouver une certaine crainte, car l'autorité de Mantegazza est si grande en physiologie que le nom même de Darwin ne suffit pas pour exercer une pression sur mon jugement. Mais voyons les faits.

Quand, dans le cœur de l'été, lorsque la température est de 37°, au plus fort de la chaleur, nous voyons un cheval, un chien ou un homme trembler de peur, il est permis de croire que ce n'est pas pour se réchauffer, d'autant que le singe, l'éléphant et bien d'autres animaux, qui ont toujours vécu sous l'équateur, tremblent également quand ils sont effrayés, malgré la chaleur des tropiques.

Pendant la fièvre, on grelotte, et pourtant la température du corps dépasse 40°. Pour protéger la vie, l'organisme devra mettre en mouvement quelque mécanisme qui rafraîchit le sang avant de le réchauffer par le tremblement. Après un effort puissant, ou un grand travail des bras, la main tremble, tandis qu'on est accablé par la chaleur. J'ai noté sur moi-même, dans les marches forcées, que j'ai dû faire quelquefois jusqu'à l'épuisement, quand je m'occupais de la fatigue, que le soir, à mon retour du sommet du mont Viso ou des plus hauts glaciers du mont Rose, mes jambes tremblaient, bien que la température de mon corps fût de un ou deux degrés au-dessus de la normale. Le thé, l'alcool, le café et un grand nombre d'excitants produisent un tremblement très visible. Dans le fou rire, l'ébriété, la joie, la volupté, la colère, lorsqu'il n'y a pas évidemment nécessité de réchauffer le sang, on tremble également, la voix s'altère, les jambes flageollent. Tous ces faits donnent raison à Darwin ; mais où je penche décidément de son côté, c'est en observant les effets désastreux du tremblement lorsqu'on a peur. Chez le phoque et chez beaucoup d'autres animaux dont nous parlerons plus amplement au chapitre sur la frayeur, le tremblement est assez fort pour qu'ils ne

puissent pas fuir, aussi se laissent-ils atteindre et tuer misé-
rablement. Comment dès lors concilier toutes les perfections
que nous admirions dans l'organisme avec cette contradiction d'un animal qui, pour se réchauffer, ne fuit pas devant le
péril, et tremble jusqu'à ce qu'on le tue, tandis qu'en fuyant
il pourrait se réchauffer beaucoup mieux et se sauver ! La
question ne doit pas se poser ainsi. Les divergences qui
se produisent dans l'interprétation des faits sont les plus
difficiles à résoudre parce qu'il reste toujours à l'un des
adversaires un camp où il peut se retrancher.

III

L'étude des muscles et de leurs fonctions va nous permettre de connaître la nature intime du tremblement.

Si l'on observe au microscope une fibre musculaire de la
grosseur d'un cheveu, on voit qu'elle se compose d'une cen-
taine de fibres très déliées. Ces faisceaux de fibres forment
les fils de viande visibles à l'œil nu. Chaque fibrille obser-
vée, à son tour, au moyen d'un microscope puissant, gros-
sissant trois ou quatre cents fois, apparaît formée de fragments musculaires empilés, semblables à de petites boîtes
prismatiques, hautes d'environ deux millièmes de millimètres. On doit à un physiologiste anglais, Bowman, la première description de ces éléments qui sont désignés sous
le nom d'éléments musculaires de Bowman. La ressemblance de chaque fibrille à une pile de Volta est si grande
que quelques observateurs ont voulu, mais en vain, y voir
une analogie de fonctions.

Les nerfs qui desservent les muscles envoient des ramifications dans chaque fibre, comme la cordelette de la mèche
qui sert à produire à distance l'explosion d'une mine, ou,
pour me servir d'une image plus exacte, bien que très éloignée encore de la vérité, comme le fil très fin qui conduit
l'étincelle électrique dans une cartouche de dynamite.
Quand le nerf agit sur le muscle, il se produit un changement moléculaire presque instantané dans les particules

6*

musculaires : elles s'aplatissent et se rapprochent par leurs fonds, de sorte que la fibre devient plus courte et plus grosse. A peine l'action du nerf cesse-t-elle, qu'elles se relâchent et reprennent leur première forme, et la fibre sa longueur primitive. Un muscle contracté devient donc plus court et plus gros ; on le remarque en pliant le bras de manière à rapprocher le bras de l'avant-bras, et en posant la main entre l'épaule et le coude, et en dedans ; on sent le muscle se gonfler et durcir. Tel est le phénomène de la contraction musculaire.

Le sang qui circule jusque dans les coins les plus reculés de l'organisme transporte de nouvelles matières explosibles, pour ainsi dire, pour charger les muscles et pour les débarrasser de la fumée et des scories. En circulant à travers les cellules et les fibres, il ressemble à un ruisseau qui court dans une ville, où chacun peut puiser devant sa porte l'eau nécessaire à ses besoins et jeter tout ce qui est devenu inutile.

Si nous nous bouchons les oreilles avec les doigts, nous entendons un bruit sourd comme une canonnade lointaine, ou le grondement prolongé du tonnerre. Ce phénomène est produit par les contractions des muscles et tient à ce que les nerfs n'exercent pas une action continue sur les fibres musculaires ; leur influence se manifeste par des secousses très rapides et irrégulières qu'on peut comparer à la décharge de la mousqueterie dans une bataille. Il est rare que les décharges nerveuses aient lieu d'un seul coup, comme un feu de salve, pour produire une contraction instantanée ou, comme disent les médecins, une contraction clonique. En général, la décharge commence dans quelques fibres musculaires et se propage de proche en proche, tandis que celles-ci s'affaiblissent ; survient une autre décharge qui renforce la contraction et, celle-ci cessant, d'autres se produisent. Ainsi, certaines fibres fléchissent au moment où d'autres reprennent leur activité, et ainsi de suite. Par ce moyen s'accomplit le travail musculaire. L'idée que nous devons nous faire de la contraction d'un muscle est donc celle d'une vibration ou d'un tremblement d'une rapidité extrême

dans les parties les plus intimes de ces organes. Quand nous
devenons plus faible, à la suite d'une maladie ou pour toute
autre cause, le tremblement se produit parce que la contraction traîne en longueur et si longtemps qu'on voit comment elle s'accomplit. Il suffit d'empoisonner une grenouille
avec une substance qui diminue la vitalité des nerfs pour
que tout effort de l'animal en vue de se mouvoir se traduise
par un tremblement des jambes. Dans les contractions très
vives et meurtrières du tétanos, on peut même à distance
entendre le son musculaire. Ces pauvres chiens que nous
empoisonnons cruellement dans les rues avec la strychnine,
mis sur une table harmonique pendant les convulsions, font
entendre un son caractéristique produit par les vibrations
très rapides de leurs muscles. C'est le son du tétanos.

IV

Le tremblement peut être produit par deux causes contraires, par l'excès ou le défaut de tension nerveuse. Il y a
déjà deux siècles que Descartes a dit : « Les tremblements
sont dus à deux causes : l'une est qu'il vient quelquefois
trop peu d'esprit du cerveau dans les nerfs, et l'autre qu'il
y en vient quelquefois trop. »

Plie-t-on fortement l'avant-bras sur le bras, comme si
l'on voulait toucher l'épaule avec le poing fermé, on s'aperçoit aussitôt que la main tremble, parce que la décharge
nécessaire à la contraction est insuffisante et ne répond
plus complètement au but. Tire-t-on un coup de fusil en
appuyant trop l'arme contre l'épaule ou en se servant d'un
fusil pesant, on atteint moins facilement le but parce que
le bras tremble. Nous pouvons toutefois corriger cette imperfection par l'exercice. De même, en s'exerçant à dessi-
ner pendant quelques mois, on parvient à tracer des lignes
droites et à faire des traits d'une main assurée.

Pour comprendre tout le mécanisme du tremblement,
observons que, si nous voulons saisir un objet, nous faisons
fonctionner simultanément les muscles qui plient les doigts
pour saisir et ceux qui servent à ouvrir la main. Le travail

des muscles qui s'opposent à un mouvement, et que pour
cette raison on nomme antagonistes, est non seulement
efficace, mais indispensable pour graduer et régler avec
précision les efforts musculaires. Quand nous voulons
mouvoir les yeux, par exemple, tous les muscles de l'œil
entrent en tension, mais un seul l'emporte, et dirige l'œil
vers le point que nous fixons : quand nous saisissons la plume
pour écrire, nous ne plions pas seulement les fléchisseurs
des doigts, mais aussi les extenseurs qui se contractent
indépendamment de notre volonté. Autrement, il ne serait
pas possible d'arrêter subitement soit l'œil dans le premier
cas, ou la plume dans le second, ou quelque autre partie du
corps, animée d'un mouvement rapide.

L'excitation excessive des centres nerveux, l'affaiblisse-
ment, la fatigue, troublent l'harmonie dans l'ensemble
des mouvements nécessaires à la contraction musculaire.
La main tremble parce que la tension des fléchisseurs et
des extenseurs ne se fait plus graduellement et avec suite,
mais d'une manière saccadée. Dans l'effort que nous faisons pour tenir le bras tendu, nous ne sommes plus en
mesure de régler convenablement l'influx nerveux en vue
de conserver l'équilibre dans le travail des muscles ; ceux-
ci se relâchent et se contractent alternativement d'un côté
et de l'autre ; à peine les fléchisseurs cèdent-ils que les
antagonistes parviennent à plier la main de leur côté, puis
ces derniers se raccourcissent de nouveau et reviennent
avec plus de force à leur premier état ; enfin, de nouveau,
un rapide effort des antagonistes l'emporte sur eux. Ces
oscillations continuelles et variables déterminent le tremblement, que la volonté est impuissante à maîtriser.

Dans la joie ou la douleur vive, lorsque l'âme éprouve
un trouble quelconque, l'intonation de la voix se modifie,
comme on sait, et cela parce que l'insuffisance de l'action
nerveuse ne permet pas aux muscles du larynx de tendre
convenablement les cordes vocales ; de là vient aussi le
trémolo qui sert à exagérer les expressions pathétiques du
chant. Certaines personnes, sous l'influence d'une émotion,
ne peuvent prononcer une seule parole et émettent à

peine quelques sons. Il est également difficile d'entonner
d'une voix forte et de soutenir une note à pleins poumons
sans que la voix tremble, comme on ne peut crier longtemps sans que la voix devienne stridente et rauque. En
effet, les muscles se fatiguent, et les mouvements du larynx
deviennent irréguliers. Si, après une course ou un exercice
violent, nous essayons d'écrire, nous faisons des crochets
qui résultent des mouvements saccadés de la main et
rendent notre écriture méconnaissable.

Un tremblement assez curieux est celui que l'on observe
chez l'homme et chez les animaux souffrants pendant
l'inspiration. Je les ai constatés à un degré moindre même
chez des animaux bien portants et particulièrement chez le
chien. A chaque mouvement inspirateur, un tremblement
très distinct se produit dans les extrémités et dans presque
tous les muscles. L'excitation qui naît des centres nerveux
pour faire contracter les muscles du thorax et le diaphragme
semble être devenue si forte qu'elle dépasse la capacité des
centres respirateurs et qu'il s'en répand dans une grande
partie des nerfs. Dans la colère, la peur et tous les troubles
de l'âme, quand la passion nous emporte, des ondes nerveuses courent et s'entre-croisent dans toutes les parties du
système nerveux, déterminant une vive agitation musculaire.

Le tremblement a souvent une origine périphérique et on
tremble de froid ou de chaud. Plongez un bras dans l'eau
chaude à 48 ou 50° et vous éprouverez un tremblement
appréciable. Ce fait que j'ai observé plusieurs fois sur mon
frère répond au tremblement des mâchoires par l'action de
l'air froid qui frappe le visage.

V

Les chiens très irritables tremblent souvent quand un
autre chien passe près d'eux. J'en connais un qui tremble
comme une feuille toutes les fois que, de la hauteur d'un
premier étage, il voit passer dans la rue un chien plus gros
que lui. C'est un spectacle qui fait pitié que cette émotion
si vive qui n'a aucune raison d'être, puisque le plus grand

nombre de ses rivaux supposés ne regardent pas du tout
en haut, et ne l'aperçoivent pas. Dès qu'il en voit un au loin,
il prend de l'ombrage, et tout à coup ses poils se dres-
sent sur son dos ; frémissant dans tout son corps, il reste
accroupi sur la fenêtre, épiant d'un œil farouche, les
oreilles dressées, le museau hargneux, les dents décou-
vertes, donnant l'exemple ridicule de l'insolence craintive
et d'un orgueil méprisé.

Où le tremblement se manifeste de la manière la plus
marquée, c'est dans la peur. Quand j'étais médecin militaire
dans la Calabre, j'ai dû assister à l'exécution de quelques
brigands. C'était une justice sommaire. Un major procédait
à un court interrogatoire, puis se tournant vers le capitaine, il ne disait que ces mots : « Fusillez-le. » Quelques-
uns restaient abasourdis du coup, avec la bouche largement ouverte, pétrifiés ; d'autres semblaient indifférents. Je
me souviens d'un garçon qui avait à peine vingt ans, qui
à quelques interrogations qu'on lui fit, il répondit d'abord
en balbutiant confusément, puis resta muet, fit le geste de
celui qui s'apprête à éviter le coup fatal en soulevant le
bras, la paume de la main ouverte, le cou entré dans les
épaules, la tête oblique, le tronc plié en arrière sur l'un
des flancs. Quand il entendit la parole terrible, il poussa
un cri aigu, déchirant, effroyable, regarda autour de lui
comme pour chercher avidement quelque chose, puis fit
un tour en arrière pour fuir et alla se frapper contre un
mur de la cour avec les bras étendus, se tordant, grattant
la pierre comme s'il eût voulu y pénétrer. Après quelques
efforts, des cris et des contorsions, il tomba comme une
masse, sans mouvement, semblable à un chiffon mouillé ;
il était pâle et tremblait comme je n'ai jamais vu trembler
personne, on eût dit que ses muscles étaient une gélatine
molle et flottante.

L'appréhension, la peur la plus légère font trembler.
Sous le coup de la frayeur, il est impossible de se livrer à un
travail minutieux, car les doigts sont agités convulsivement. Je connais des demoiselles d'une timidité extrême
qui, dans une soirée, en offrant le lait à mêler au thé, ont

les mains si tremblantes qu'elles en sont toutes honteuses.

Un homme du monde m'a raconté des choses bizarres sur son excitabilité, entre autres qu'il avait dû renoncer à danser parce que ses jambes se dérobaient sous lui à la plus légère émotion. Tout le mettait sens dessus dessous; par exemple, s'il devait offrir le bras à une dame pour la conduire à table ou qu'il dût traverser une salle au milieu d'une nombreuse société, l'idée d'être observé le faisait trembler et chanceler comme s'il eût été ivre.

L'attitude qui consiste à se mettre à genoux comme signe d'adoration ou d'amour de ceux qui implorent le pardon ou la pitié, ne serait-elle pas due à ce fait physiologique que les émotions font trembler soudainement les jambes et nous font tomber par terre ?

VI

A force de penser à ce sujet du tremblement, je me suis tellement surexcité la mémoire que, dans un lieu quelconque, quand je cherche un coin pour me reposer, mon souvenir se peuple des gens qui tremblent. Le plus confus de ces souvenirs est celui d'un vieil oncle à moi, un vétéran qui, lorsque j'étais petit, me prenait sur ses genoux pour me raconter les batailles de Napoléon ; je regardais la tabatière dans ses mains tremblantes et je ne pouvais m'expliquer pourquoi je devais l'aider à tenir ses doigts fermes, quand il me montrait le portrait de l'empereur sur sa médaille. Derrière lui, je vois encore une bonne vieille, simple et affectueuse, la marraine de ma mère, qui me caressait avec une voix tremblante, et qui était pour moi d'une indulgence extrême quand je m'amusais autour de sa table de travail ; elle me regardait d'un air satisfait, au-dessous de ses lunettes, me disant d'enfiler son aiguille parce qu'elle tremblait.

Puis, je me souviens d'avoir tremblé moi-même une fois sur les Alpes, après la traversée d'un glacier, sur lequel à chaque pas on jouait sa vie. C'est un miracle que, moi enfant, j'aie pu échapper à ces abîmes terribles qui semblaient prêts à m'engloutir.

Dans les premiers souvenirs de ma vie d'hôpital, je vois
encore le visage décharné des malades qui tremblaient,
empoisonnés par la quinine et le mercure, ou des conva-
lescents assis sur leur lit, ne pouvant tenir leur verre dans
leurs mains tremblantes, des anémiques qui observaient
chacun de leurs mouvements rendus incertains par le sang
perdu, des hystériques furieux qui, seuls, reposaient.

Je me souviens des lieux et de l'heure où j'accourus pal-
pitant à un incendie, à l'explosion d'une chaudière, dans
les ruines des ateliers. Je trouvai des gens dont les dents
claquaient par suite des brûlures, des ouvriers robustes
blessés, déposés tremblants sur les civières, et je me souviens des veillées et du changement qui se faisait de
nuit, entre camarades d'école, quand on devait, avec des
inhalations de chloroforme, prolonger la vie des malheureux frappés irrémissiblement du tétanos. Dans cette
longue salle silencieuse de la clinique, je vois encore le
regard lamentable des malheureux affectés de la dégéné-
rescence de la moelle épinière ou de la *paralysie agitante*,
qui n'étaient pas assez fermes pour se tenir sur leurs
jambes, comme si une malédiction avait frappé leurs
muscles et les avait soustraits à l'empire de la volonté;
leurs membres pliaient et leurs os ramollis se déformaient.

Laissons ces souvenirs pénibles, car il m'en vient en
foule à la mémoire d'autres plus gais : par exemple, le
tremblement des vieux parents au mariage de leurs enfants;
ils ne peuvent plus tenir le verre en main et balbutient des
paroles incompréhensibles, avec les yeux noyés de larmes;
ou bien de jeunes poètes qui se lèvent au milieu de joyeux
convives, pour réciter des vers, et qui n'ont pas assez de
leurs deux mains pour tenir le feuillet sur lequel ils doivent
lire; ou des époux affairés qui tressaillent de joie, les lèvres
tremblantes, obligés de s'asseoir pour ne pas se laisser
tomber; enfin, des parents qui les serrent dans leurs mains
tremblantes au milieu du brouhaha de la fête.

J'ai connu des hommes si nerveux, qu'à la moindre émotion ils étaient obligés de se retirer, pour ne pas donner le
spectacle d'une agitation qui aurait paru ridicule, et j'en ai

vu d'autres obligés de poser les mains sur une table ou sur un siège pour ne pas trembler, lorsqu'ils entendaient un discours touchant ou qu'ils assistaient à un drame émouvant.

Parlerai-je des amis victimes d'une passion amoureuse, qui étaient effrayés de voir leur main trembler au point que leur écriture en était altérée, des collègues qui m'ont consulté pour un tremblement survenu après un excès de travail intellectuel, des personnes qui, à la suite d'une frayeur, sont restées toute leur vie agitées par un tremblement.

VII

Mais c'est surtout dans le *delirium tremens* qu'il faut voir la peur et le tremblement le plus horrible des châtiments et le plus affreux déchirement de la nature humaine. J'en ai vu trois cas seulement dans ma carrière de médecin, et le visage de ces malheureux m'est encore présent à la mémoire où il semble qu'un voile les recouvre de la plus profonde mélancolie.

Je réunis dans un seul tableau les faits dont j'ai été témoin pour ne pas arrêter trop longtemps l'attention du lecteur sur de telles misères. En général, on nous appelle pour un malade qui vomit ou qui se croit sous le coup d'un accès de folie. Nous trouvons un homme maigre et décharné, qui nous regarde avec indifférence et nous répond maussadement quelques paroles d'une voix aigre et creuse. Les parents, la femme, les enfants épouvantés qui entourent le lit nous racontent qu'il s'adonne à la boisson et que le jour précédent il a été apporté ivre à la maison ; qu'il murmure toute la nuit, et que le matin il ne peut se tenir debout de lassitude ; qu'il a des nausées toute la journée, point d'appétit, et qu'il vomit. Sa langue est couverte de l'enduit blanchâtre du catarrhe stomacal.

Dans la première période, les mains ne tremblent pas encore, si elles sont posées sur la couverture ; cependant s'il cherche à prendre une tasse ou une cuillère, elles s'agitent tellement qu'il renverse tout. Dans la nuit, les

songes qui, déjà pendant la veille, l'épouvantent, prennent le
caractère de véritables hallucinations. Souvent il se précipite hors du lit, criant qu'il a vu un serpent remuer devant
ses yeux et s'entortiller à son cou. Il saisit haletant ses
vêtements, et s'en va nu à tâtons, se tordant comme pour
arracher une corde de son cou et en dérouler les spires qui
l'étranglent.

Puis il s'apaise, mais pas pour longtemps. Le délire se
renouvelle, il n'y a plus de paix pour lui. Il donne corps à
toutes les ombres, voit continuellement des reptiles et des
insectes ramper autour de lui. C'est horrible. Parfois il
s'écrie que des araignées monstrueuses, ou des scorpions
venimeux, descendent des murs sur la couverture, que des
chats noirs avec des yeux de feu se couchent sur sa poitrine,
des loups avec la gueule ouverte, ou des chiens enragés
avec l'écume aux lèvres le mordent, et un essaim noir de
blattes lui ronge les entrailles. Alors, anéanti par la peur,
brisé par son martyre, il se tord, grince des dents, gémit,
hurle, pleure, se mord les mains, se déchire le cou, se
lacère le visage avec les ongles. Puis il se lève pour fuir
et retombe sur le lit, anéanti, pâle, consterné, tournant les
yeux avec le plus terrible désespoir et avec le râle dans la
gorge.

Parfois cet orage infernal s'évanouit rapidement, et la
paix revient un peu. Les malades sont indolents, ils
répondent de mauvaise grâce aux interrogations, mais
néanmoins avec bon sens. Dans les intervalles lucides,
quelques-uns gémissent sur leurs fautes passées et disent
qu'ils se sont enivrés pour oublier leurs maux ou la misère.
C'est un rayon de lumière tombant sur une ruine au milieu des ténèbres. Presque tous restent impassibles devant
la désolation de leur famille ; ils secouent la tête, désolés,
et parlent du désir de se suicider. A chaque petit accès
produit par une cause quelconque, ils retombent dans leur
folie ; on est obligé de les lier et de leur mettre la cami-
sole de force.

Le tremblement croît ; le malade ne peut plus dormir,
parle à tort et à travers, va et vient, tourne et retourne

dans la chambre comme un chien fou. L'hallucination
s'étend peu à peu et s'empare de tous ses sens. Tandis
qu'il murmure des paroles incohérentes, il se plaint par
intervalles d'être empoisonné, de sentir le goût de quelque
saleté et refuse toute chose, craignant d'être trahi. A l'entendre, on aurait répandu dans la chambre des gaz qui le
suffoquent, et alors il se tourne furieux, donnant dès coups
de poing dans l'air, se serre contre le mur, court à la fenêtre, jette par terre les meubles et la vaisselle de laquelle
il croit voir sortir les vapeurs pestilentielles.

Quelle nuit j'ai passée, étant étudiant, auprès d'un de ces
malheureux ! C'était à l'époque où on croyait qu'il était
possible de conjurer le péril et de faire cesser le délire par
une rapide saignée. J'avais été envoyé par un vieux médecin
pour faire la saignée à un de ces malades. Je le trouvai
s'agitant sur son lit dans un grenier ; c'était un portefaix
robuste, dont le visage était enflammé, et les veines du cou
gonflées. Quand je cherchai à lui prendre le bras, il me
fixa avec deux yeux injectés de sang qui semblaient me
dévorer. Puis il commença à trembler, se répandant en
blasphèmes comme des éclats de tonnerre, hurlant comme
un damné. « Non, non, s'écriait-il, au secours ! enfermez cet
assassin qui veut me tuer. Il a un rasoir pour me couper
la gorge, » et son visage avait une expression terrible de
peur, les rides du front, la dilatation des narines, la contraction des lèvres, le grincement des dents laissaient voir
une lutte désespérée. Puis, il étendit les bras pour fuir pendant
que nous nous efforcions de le retenir. « Au secours ! criait-
il, ils veulent me jeter par la fenêtre, sur les baïonnettes
qui sont en bas. Au secours ! montrez-vous, chassez ce
bravache, ne voyez-vous pas que la rue est remplie de
soldats et d'argousins qui viennent avec une échelle pour
m'éventrer ?. » Enfin exténué, baigné de sueur, livide, accablé, essoufflé, blasphémant et grommelant toujours, il tomba
peu à peu dans la torpeur des agonisants.

Quand la maladie empire, le délire devient continu, le
tremblement augmente, les muscles se tendent à se rompre.
On dirait qu'un démon furieux possède le malade, l'agite,

le contortionne, le tourmente, le secoue dans le lit et le
soulève tout entier. Les apparitions les plus épouvantables
sont les spectres. Les malades poussent tout à coup un cri
terrible, jettent les bras en avant et la tête en arrière, en
reconnaissant la face pâle et amaigrie d'un mort qu'ils ap-
pellent par son nom ; ou bien des ennemis masqués leur
apparaissent avec un visage décharné, enveloppés dans un
linceul et viennent pour les emmener ; ou encore des sque-
lettes traversent la salle en faisant craquer leurs os, grinçant des dents et jetant des regards diaboliques.

Alors la mort leur apparait avec tout un cortège de
fantômes de la réalité la plus immonde pour les entraîner
dans les profondeurs du tombeau. Quelquefois ils meurent
subitement, mais, le plus souvent, ils s'endorment après un
délire qui dure trois ou quatre jours, puis s'éveillent hébé-
tés, épuisés, ou tout à fait fous.

CHAPITRE IX

I

L'œil examine avec une telle rapidité et une telle précision la face humaine, qu'on ne saurait donner à l'aide de la parole une idée des particularités minutieuses et des signes fugitifs que nous voyons paraître et disparaître sur le visage pendant les émotions. Les plus grands maîtres mêmes ont été peu exacts dans ces descriptions et ont dû recourir à des comparaisons en langage figuré et imagé. Quand nous disons, par exemple, qu'une personne nous regarda avec surprise ou avec crainte, nous indiquons toute une série de degrés du même sentiment différant par leur intensité et leur effet, et nous nous en fions au lecteur pour choisir celle qui lui paraît le mieux s'adapter au cas qui nous occupe, et que nous ne saurions déterminer plus nettement. Quand nous disons à un ami : « Je dois te faire part d'une mauvaise nouvelle, » aussitôt il s'opère un changement dans son visage, son regard, ses gestes, qui nous émeut ; mais il n'y a pas de description qui vaille un portrait. Nous sommes incapables d'apprécier certains changements imperceptibles qui accompagnent le mouvement des yeux, la dilatation de la pupille, la coloration des joues, le plissement des lèvres, la dilatation des narines, la difficulté de respirer, le geste de la main, l'attitude de la tête et du corps.

Certains détails caractéristiques de la physionomie échappent à l'analyse. L'air du visage est insaisissable, ses beautés sont couvertes d'un voile si délicat et si léger qu'on n'y saurait toucher sans le déchirer et sans en détruire le charme. Aussi j'hésite à porter le bistouri sur la tête d'un cadavre pour en détacher la peau et en disséquer les chairs. Quand les muscles de la face sont détachés du crâne il ne me reste dans les mains qu'un masque semblable à un entonnoir de chair. La face humaine à l'envers est chose affreuse à voir ; on n'y reconnaît plus rien ; on ne se fait pas à l'idée que cet entrecroisement de fibres, cet entrelacement de muscles représente la partie la plus belle et la plus expressive du corps humain, que ce soit là ce visage si varié dans ses jeux de physionomie et dans ses expressions, si digne dans ses manifestations de bienveillance et de douceur. Quelle désillusion profonde et quel triste spectacle que de voir en plein jour la charpente et les rayons éteints d'un feu d'artifice, ou, après le spectacle, les souillures et les loques de la décoration d'une féerie ! On ne saurait croire que sur cette chair filandreuse s'est réfléchi notre moi, que sur ce mince feuillet musculaire se trouve imprimée en quelque sorte l'histoire de la vie, que ses dispositions diverses ont imprimé la sympathie ou l'indifférence ou l'aversion, que sur lui sont écrits les secrets impénétrables qui déterminent entre les hommes des attractions ou des répulsions semblables à celles qui ont lieu entre les atomes.

II

Léonard de Vinci, qui fut certes un des plus habiles interprètes de la face humaine, avait étudié l'anatomie avec un tel amour que les dessins de ses préparations excitent encore aujourd'hui notre admiration par l'exactitude des plus minutieux détails.

« Etudiez d'abord la science, puis après, l'art né de cette science », disait-il à ses disciples. Ces paroles sont dignes de celui qui fut non seulement un grand artiste, mais un

mathématicien et un philosophe, et qui a eu le rare mérite
d'être un inventeur dans la science et un des fondateurs de
la méthode expérimentale.

Il ne suffit pourtant pas de commencer l'étude de la face
humaine par l'anatomie. Le tissu des muscles est si touffu,
les fibres si embrouillées, qu'on n'arrive à rien si l'on ne
connait l'origine de ces mêmes muscles chez les animaux
inférieurs et si l'on ne cherche d'abord leurs fonctions chez
les êtres les plus simples, ainsi que les modifications qu'ils
subissent dans l'échelle zoologique.

Les parties essentielles de la face sont les ouvertures de
la bouche et des narines. Celles-là seules persistent, malgré
les modifications diverses de la tête dans la série animale.
Les lèvres, le nez, le menton peuvent devenir méconnais-
sables comme il arrive pour les oiseaux ; l'œil peut être
extrêmement petit, comme chez la taupe, ou même disparaître tout à fait, comme cela se voit chez quelques animaux
qui vivent dans les cavernes, mais la bouche persiste toujours, parce que le tube digestif est l'organe le plus utile.
Ce tube existe déjà chez les animaux qui n'ont ni cœur ni
poumons ; il forme à son ouverture antérieure une sorte
d'entonnoir que nous appelons encore face, quelque étrange
que soit en ce cas une semblable expression.

Le développement des muscles de la face est proportionné
au besoin de saisir la proie et de triturer les aliments. Chez
les grenouilles, les poissons, les reptiles et les oiseaux qui
avalent leur nourriture, on peut dire que la face manque ;
aussi n'ont-ils aucune expression, si ce n'est celle des
yeux. Chez les oiseaux, le nerf facial est réduit à un petit
filament qui se distribue au muscle cutané du cou ; et produit le hérissement des plumes et le redressement de la
huppe qui constituent l'expression la plus caractéristi que
de leurs passions.

Plus le mode de préhension est complexe, plus la bouche
est elle-même compliquée. Les lèvres doivent être mobiles
pour aspirer comme une ventouse le mamelon et plus tard
servir à maintenir et à ramener sous les mâchoires les
morceaux à mâcher ; elles doivent pouvoir être relevées

comme il arrive chez le chien lorsqu'il s'apprête à mordre (1).
Puis, viennent les mouvements de la mâchoire armée de
dents pour couper, déchirer et broyer. Ensuite les mouvements compliqués de la langue pour boire, lécher, net-
toyer la bouche, pour faire la bouchée, la ramasser et
l'avaler.

Parmi les animaux, on remarque chez les singes un
grand développement des muscles de la face. Cela vient
surtout de ce qu'ils se nourrissent de toutes sortes d'aliments, animaux ou végétaux, et qu'ils se servent de leur
bouche comme d'un organe de préhension qui aide les
mains à éplucher et préparer leur nourriture.

La figure du singe est d'une mobilité sans exemple. En
une minute, on y voit passer toutes les expressions du désir
ou de la répugnance, de la fourberie ou de l'innocence, de
l'attention ou de la légèreté, etc.

III

Une des raisons pour lesquelles les muscles de la face se
meuvent très facilement, c'est leur petitesse. Spencer a
pour la première fois émis cette idée, et je ne saurais rien
trouver de plus fondamental dans le langage des émotions (2).
« Supposons, dit-il, qu'une onde faible d'excitation nerveuse se propage uniformément dans le système nerveux,
la part de cette onde qui se déchargera sur les muscles
signalera davantage son effet, là où la somme d'inertie à
vaincre sera la moins considérable. Les muscles qui sont
gros et qui ne peuvent manifester les états d'excitation où
ils sont amenés qu'en faisant mouvoir les jambes ou
d'autres masses pesantes ne fourniront point de signes,

(1) Darwin pensait que les animaux montrent leurs dents pour faire
voir leurs armes et inspirer de la crainte. Une semblable explication ne
me semble pas du tout exacte, attendu que les animaux sont obligés de
relever les lèvres pour saisir quelque chose avec les dents, afin de ne pas
blesser cette partie molle de la bouche qui recouvre les mâchoires. Il
suffit d'observer un chien pour se convaincre que l'action de montrer ses
dents est un acte préparatoire à l'action de mordre.

(2) *Principes de psychologie*, t. II, page 566.

tandis que les petits muscles et ceux qui peuvent se mouvoir sans avoir à surmonter de résistances considérables,
répondront visiblement à cette onde faible... Comme les
muscles de la face sont relativement petits et sont fixés à
des parties plus faciles à mouvoir, il s'ensuit que c'est sur
la face que doit se manifester la plus grande somme de
sentiments. »

Selon moi, cette loi n'est pas suffisante pour expliquer
les expressions de la face. Nous avons en effet des muscles
extrêmement petits et déliés dans l'oreille, dans la peau et
ailleurs et qui pourtant ne prennent aucune part à l'expression, quoique la résistance à vaincre soit minime.

Il me semble qu'il faut accorder une plus grande importance à l'usage fréquent de certains muscles et à la différence d'excitabilité de leurs nerfs. Les muscles que nous
mettons le plus souvent en mouvement sont précisément
ceux qui sont le plus sensibles à l'excitation des centres
nerveux. Il en est ainsi des muscles de l'oreille chez le
cheval et le chien. On sait combien ces animaux traduisent
fidèlement leurs impressions par le mouvement des oreilles,
tandis que chez l'homme, qui possède pourtant les mêmes
muscles, les oreilles restent immobiles, même pendant les
plus fortes émotions, parce que nous les mettons rarement
en mouvement.

Les muscles de la face, au contraire, s'agitent chez nous
pour toute action, quelque faible qu'elle soit, du système
nerveux, précisément parce qu'ils sont déjà continuellement en mouvement, dans les fonctions de la digestion, de
la respiration, de la parole et dans l'usage des organes des
sens. Nous rencontrons très souvent des personnes qui,
pour avoir développé outre mesure l'excitation des centres
nerveux, ont des tics de la face, des mouvements rapides et
involontaires des paupières, des angles de la bouche, des
muscles du front; en même temps, et sans s'en apercevoir,
elles en éprouvent d'analogues aux mains, aux pieds et dans
d'autres parties du corps.

La différence de résistance que présentent les nerfs au
passage du courant nerveux est un facteur important de

7*

l'expression. Parmi les musclés de la face, ceux de l'œil, qui se trouvent plus voisins du cerveau, rendent plus facile la décharge nerveuse. La mort débute toujours par les régions les plus éloignées du centre, par les jambes et les bras, les yeux en dernier lieu.

Le sujet que nous traitons maintenant l'a été par de nombreux physiologistes. Jean Müller (1), le père de la physiologie moderne, parlant *des mouvements qui dépendent de l'état de l'âme*, s'exprime ainsi : « Les expressions variées que prennent les linéaments du visage dans les passions diverses démontrent que, selon l'état de l'âme, des groupes très divers de fibres du nerf facial sont mises en mouvement. Les causes de ces relations entre les muscles de la face et les diverses passions nous sont tout à fait inconnues. »

J'ai voulu faire quelques expériences sur la physiologie du nerf facial dans le but de découvrir quelque fait dans ce champ encore peu connu. J'ai mis à découvert, sur un chien rendu insensible par le chloral, le nerf facial à sa sortie du crâne, et j'ai fait agir un courant de manière à exciter la totalité du nerf. En me servant d'abord d'un courant très faible, j'ai constaté qu'on pouvait déterminer la contraction des muscles du front et des oreilles pendant que le museau restait immobile, comme on le voit lorsque l'animal est attentif. Avec un courant plus énergique, les muscles du nez, des paupières et de la joue entraient en mouvement; avec un courant plus énergique encore, les muscles de la lèvre inférieure, à leur tour, se sont mis en mouvement et la bouche s'est ouverte, enfin, si le courant était des plus énergiques, j'obtenais l'expression féroce d'un chien agressif.

Il y a quelque chose de fantastique et de grotesque à la fois, lorsqu'on tient en mains le masque de chair détaché de la tête d'un chien décapité, à faire renaître, à l'aide d'un courant agissant sur les nerfs moteurs, les expressions diverses de l'attention, de la joie, de la fureur, en

_____

(1) I. Müller, *Manuel de physiologie humaine*, 1840, vol. II, page 92.

l'absence des phénomènes psychiques dont ils sont la manifestation.

La partie mécanique des expressions est donc plus simple qu'on ne croirait. Lorsque les centres nerveux sont mis en éveil par un travail psychique, le courant se diffuse immédiatement par les voies de moindre résistance. Plus l'excitabilité est vive, plus est facile, gracieux, expressif et charmant le pli de la lèvre qui produit le sourire. Les paysans et les personnes peu cultivées et peu sensibles ne sourient pas ; chez elles, l'excitation croit jusqu'à ce qu'elle éclate en un rire bruyant.

Les voies nerveuses sont ainsi faites, que le cerveau ne doit pas avoir à s'occuper des mouvements des muscles. C'est l'intensité de l'excitation qui produit l'expression ; plus elle est forte, plus sont nombreux les nerfs par lesquels se diffuse la tension nerveuse. A mesure que la tension nerveuse croît, elle peut vaincre les obstacles et les résistances qu'auparavant elle rencontrait dans d'autres voies, et, dès lors, elle fait contracter de nouveaux muscles, qui d'abord étaient impassibles.

Les effets des passions se manifestent particulièrement à l'aide des muscles de la face et de ceux de la respiration, car aucune fonction autant que la respiration n'est plus souvent modifiée pour les besoins de l'organisme. Cela tient à ce qu'elle se trouve intimement liée à toutes les modifications des centres nerveux. Les muscles qui servent à exprimer les passions avec le plus d'énergie sont presque tous des muscles respiratoires.

IV

Lorsque nous éprouvons une émotion violente, le système nerveux répand son activité par toutes les voies ; ainsi s'explique la ressemblance entre les conditions de phénomènes aussi contraires que le ris et les pleurs, la douleur et le plaisir.

C'est la quantité et non la qualité de l'excitation qui pèse sur la balance des expressions. Cette pensée que

j'émets deviendra évidente, lorsque nous aurons étudié les
phénomènes produits par le chatouillement. Un singe
qu'on chatouille sous les aisselles se tord, se contor-
sionne, rit et pousse des cris qu'on dirait humains. Les
centres nerveux sont très impressionnables, sous l'influence d'une action mécanique exercée sur certains nerfs,
par un toucher léger qui produit la sensation la plus délicate, ou éclate comme une tempête qui secoue violemment
l'organisme.

On raconte que des personnes sont mortes des suites
du chatouillement, et il en est d'une nature si sensible,
qu'elles ne résistent pas au plaisir le plus ardent de la vie.
Les jouissances les plus vives et les douleurs font vibrer
es nerfs de la même manière et arrachent de notre corps
.es mêmes gémissements. On est profondément surpris
qu'un léger chatouillement des nerfs puisse produire un
ébranlement aussi profond dans les organes.

Les centres de la vie sont accablés par la surprise d'une
émotion mystérieuse, d'un charme dans lequel les freins
se relâchent et les sens se troublent. Dès que l'action
modératrice du cerveau est suspendue, l'harmonie de
l'ensemble est rompue, l'oppression se produit, et les
paroles inconscientes, à moitié tronquées, répétées, affo-
lées, entrecoupées, s'éteignent dans la langueur et l'éva-
nouissement. Les yeux se relèvent languissamment ou se
dérobent éteints sous les paupières ou tournent hagards
dans leurs orbites, se remplissent de larmes de joie, et
se ferment à demi comme le regard d'un mourant. Les
bras s'agitent convulsivement, attirent, étreignent violemment, serrent et se tordent. Les dents mordent et grincent,
des hurlements se font entendre comme si une bête féroce
se trouvait enfermée dans l'homme.

Finalement, l'ouragan passe, la secousse et les frémisse-
ments disparaissent graduellement comme les éclairs qui
suivent les grondements du tonnerre dans l'éloignement.
Mais le regard languissant, la face molle, la peau moite,
les membres résolus, les sursauts des muscles, les tremblements de la voix, la soif, les palpitations, la faiblesse,

la défaillance des sens, restent comme la suite d'un accès
maladif ou la prostration causée par un grand malheur.

V

. Ceux qui ne suivent pas de près le mouvement scientifique croient que toute l'œuvre de Darwin consiste dans la
doctrine de l'évolution. Il en est dans ce cas comme
après une bataille gagnée, le nom d'un seul général sur-
nage dans l'opinion, quoique l'action des autres ait été efficace pour décider de la victoire. Ce serait dans notre cas une
injustice de ne pas attribuer le plus grand mérite à Herbert
Spencer que Darwin lui-même appelle le grand interprète
du principe de l'évolution. Déjà à la fin de 1855, dans la première édition de ses *Principes de psychologie*, Spencer sou-
tenait la doctrine de l'évolution « quand elle était encore,
dit-il, couverte de ridicule dans le monde entier et vue
d'un mauvais œil même par le monde scientifique, ».

Dans la seconde édition de son ouvrage, Spencer ajoute
un chapitre intitulé *le Langage des émotions,* qui a une très
grande valeur pour nous, parce qu'il fut imprimé quelques
mois avant que Darwin publiât son livre : *l'Expression des
émotions.*

Une des idées les plus importantes qu'il ait formulées en
physiologie est la suivante : « Le mouvement moléculaire
développé par un stimulant dans un centre nerveux quelconque tend toujours à se propager suivant la ligne de
moindre résistance dans toute l'étendue du système nerveux. Les sentiments d'un ordre quelconque, modérés ou
violents, qui, de temps à autre, surgissent dans la conscience,
sont les corrélatifs des ondes nerveuses qui sont engen-
drées sans interruption et sans interruption se répercutent
dans l'étendue du système nerveux. Le courant nerveux
permanent constitué par cette onde engendrée d'une manière permanente agit simultanément sur les viscères et
les muscles volontaires ou involontaires. »

Les idées développées par Darwin sur l'origine des expressions ont une ressemblance si exacte avec la doctrine

de Spencer que Darwin se crut obligé de faire, dans une note, la déclaration suivante : « Pour ne pas être accusé. d'empiéter sur le domaine de M. Spencer, je dois dire que j'avais déjà annoncé dans mon ouvrage *la Descendance de l'homme*, qu'à cette date, le présent volume était écrit en partie (1). »

L'origine des mouvements de l'expression, telle que l'a conçue Spencer et telle que l'a développée plus amplement Darwin dans son livre, ne me persuade pas. La vive admiration que j'ai pour ces deux maîtres éminents ne laisse pas que de m'embarrasser quand je m'écarte de leur opinion. Mais lorsque les faits que j'ai eu occasion d'observer dans mes études m'ont convaincu qu'on peut arriver au même résultat par une autre voie, je dois exposer les observations et les expériences qui semblent fournir une autre solution de la question.

Si l'interprétation que donne Spencer dans le chapitre sur le *Langage des émotions*, et que Darwin développe plus amplement dans son livre, était vraie, on en tirerait cette conséquence que les animaux auraient dû se défaire peu à peu, dans la longue suite des générations, de ce qui pouvait leur être funeste et fatal. Mais cette loi ne se vérifie pas ; en étudiant les fortes émotions, nous avons vu que plus le danger est sérieux, plus les phénomènes nuisibles prévalent en nombre et en efficacité. Nous avons déjà vu que le tremblement et la cataplexie rendent l'animal incapable de fuir et de se défendre. Nous sommes maintenant en mesure de nous convaincre que dans les situations les plus graves nous voyons moins clair que si nous étions calmes.

En présence de ces faits, nous devons admettre que les phénomènes de la peur ne peuvent s'expliquer tous par la doctrine de la sélection. A leur plus haut degré d'intensité, ce sont des phénomènes maladifs qui prouvent une imperfection de l'organisme. On dirait presque que la nature n'a pu élaborer une substance pour faire le cerveau et la moelle

_____

(1) Ch. Darwin, *l'Expression des émotions*, 1877, page 10.

épinière qui fût très excitable et qui, sous l'action de stimulants très énergiques, ne dépassât pas dans ses réactions les
limites physiologiques utiles à la conservation de l'animal.

Mais voyons, avant de passer outre, quels sont ces faits
qui semblent en désaccord avec l'hypothèse de Darwin et
de Spencer.

VI

La pupille, on le sait, se dilate et se contracte avec une
grande facilité. Sa forme est très variable chez le chat : le
plus souvent elliptique, elle devient extrêmement étroite et
presque fermée si la lumière est trop vive. Elle a alors
l'apparence d'une fente de la largeur d'un cheveu. Vers le
soir, ou même dans le jour mais à l'obscurité, elle se dilate
tellement que l'iris disparaît presque en entier et qu'on
voit alors le fond de l'œil verdâtre et phosphorescent.

L'iris est comme un rideau circulaire qui se ferme lorsque
la lumière est vive et s'ouvre dans l'obscurité, réglant ainsi
automatiquement la quantité de lumière nécessaire à l'œil
pour voir sans être blessé.

La perfection de notre machine est si grande que quelques rouages indispensables agissent non seulement automatiquement, sans aucune intervention de la volonté et de
la conscience, mais souvent même sans avoir besoin du
cerveau et de la moelle. Il leur suffit des petits mouvements réflexes des cellules nerveuses qui se trouvent dans
les organes, sous la forme de ganglions microscopiques.
C'est un sujet digne d'être médité que cette harmonie qui
assure l'exécution des fonctions les plus importantes, au
moyen de divers organes qui agissent simultanément et
endent au même but.

Le mécanisme du mouvement de l'iris est assez compliqué. J'ai observé (1) que, toutes les fois que les vaisseaux
se dilatent, la pupille se contracte et réciproquement. Ce
rapport entre les vaisseaux sanguins de l'iris et ses mou-

(1) Mosso, *Mouvements de l'iris*, Académie de médecine de Turin, 1875.

·vements offre de nombreux et grands avantages. En. effet,
pendant le sommeil, les vaisseaux se dilatent et la pupille
se. rétrécit et empêche la lumière d'agir trop vivement.
Dans les inflammations de l'œil, la lumière exerce une action
irritante et nuisible, mais, dans ce cas, les vaisseaux sont
toujours dilatés, et par suite la pupille se trouve diminuée,
la lumière qui pénètre au fond de l'œil a moins d'intensité
et la guérison est plus rapide.

A la suite d'hémorragies graves, suivies d'un abattement
profond, les vaisseaux se contractent, et la pupille se dilate,
ce qui permet de mieux voir.

Tout ceci semble parfait comme mécanisme, malheureusement cela présente des inconvénients sérieux : notre œil
est comme un appareil photographique, et la pupille fonctionne comme les diaphragmes des appareils qui laissent
pénétrer plus ou moins de lumière sur la lentille, car il y a
derrière l'iris une lentille analogue à celle de l'appareil
photographique. Si la lumière est faible, le photographe met
un diaphragme plus grand, mais alors l'image est confuse
parce que les rayons lumineux éloignés du centre de la
lentille contribuent à donner une image à contours moins
nets. Aussi les photographes emploient-ils une lumière
vive avec un diaphragme étroit afin d'obtenir une image
très nette. Ce sont aussi pour notre œil les meilleures
conditions pour voir distinctement. Il suffit pour s'en assurer d'observer l'œil d'une personne pendant qu'elle
regarde au loin ou qu'elle est distraite, puis de lui donner
à fixer un petit objet placé tout près de l'œil, pour voir
immédiatement sa pupille se resserrer.

Cet admirable fonctionnement de l'œil cesse dès que
l'homme ou l'animal éprouvent une vive émotion. Alors,
en effet, les vaisseaux se contractent, la pupille se dilate,
et les images sont moins nettes. Si l'on regarde un chien
ou un chat, ou un homme sous le coup de la peur ou faisant
un effort, on voit la pupille dilatée jusqu'au maximum et
l'œil plus noir.

Comment expliquer avec l'hypothèse de Darwin et de
Spencer que même les animaux nocturnes présentent avec

une égale intensité les mêmes mouvements dans l'expression du front et des yeux ? Pourquoi, pour un aussi mince avantage que celui de voir un peu mieux quand on a le soleil en face, y a-t-il un appareil musculaire si compliqué et qui fonctionne constamment, tandis que la nature n'a pas prévu un défaut bien plus grave, le défaut de netteté des images par suite de l'ouverture exagérée de l'iris ?

Pour apprécier l'importance de la défectuosité de la vue pendant les émotions, j'ai fait avec le docteur Falchi l'expérience suivante : nous avons choisi de petits caractères dans le tableau de Snellen et nous avons fixé, pour une certaine personne, la distance la plus grande à laquelle cette personne pouvait les lire distinctement ; puis, sous un prétexte quelconque, de manière à lui causer une vive émotion. Alors j'ai prié la personne de lire, mais elle n'a pu le faire, si ce n'est en s'approchant notablement, afin de voir, aussi bien qu'auparavant. Un effort musculaire violent, un tour de trapèze, une course, l'ascension rapide sur une échelle diminuent l'acuité de la vision.

VII

Quand on pense à l'ensemble des symptômes par lesquels se révèle la peur, on pourrait croire qu'elle est transmise héréditairement ou par voie de sélection. Les animaux les plus peureux, dirait un disciple de Darwin, sont ceux qui peuvent le plus facilement échapper au péril et se sauver, ils engendreront des petits dans lesquels ils perpétueront leur timidité. Mais nous savons que les phénomènes de la peur sont l'exagération maladive de faits physiologiques. Les animaux ne sauraient par transmission héréditaire devenir de plus en plus timides. La nécessité de la lutte fait entrer en fonction d'autres attitudes que celles de la fuite et de la peur, et qui tendent à conserver l'espèce par un autre moyen. Notre organisme n'est pas une machine si parfaite qu'elle puisse résister ou s'adapter à toutes les conditions du milieu. Ce sont des nécessités fatales contre lesquelles la sélection ne peut rien.

A mon avis, tout en acceptant le principe de Darwin et
de Spencer, qui facilite l'explication de bien des faits, nous
ne pouvons cependant l'étendre à tous les phénomènes.
Spencer et Darwin ne sont pas assez physiologistes. Dans
cette étude des émotions, ils n'ont pas cherché suffisamment dans les fonctions de l'organisme la cause des phénomènes qu'ils ont observés. Il y a, pour ainsi dire, une
hiérarchie dans les parties qui composent notre machine,
car toutes les fonctions ne sont pas également importantes.
Aussi, dans l'économie de la vie, on remarquera toujours
la prépondérance des vaisseaux sanguins. Il était indispensable, en effet, que l'organisme pût tirer parti de tous les
matériaux disponibles pour la nutrition des centres nerveux, que la circulation du sang dans toutes les parties et
même dans les yeux fût subordonnée à ce but essentiel.

Il me semble qu'on peut expliquer de cette manière le
fait de la contraction des vaisseaux de l'iris pendant les
émotions. Il se produit une grande dilatation de la pupille,
et le fond de l'œil devient anémique, bien que cette contraction des vaisseaux de la rétine soit nuisible à la vision
distincte.

Souvent nous voyons des personnes qui, en racontant
qu'elles ont eu une grande peur, disent : Je n'y voyais
plus. Quelques voyageurs racontent que des serpents,
aveuglés par la peur, mordaient l'ombre et les rameaux des
arbres, émoussant leurs dents et répandant inutilement
leur venin.

Darwin admet deux causes distinctes qui ont donné l'habitude de froncer les sourcils à chaque petite difficulté qui
survenait dans le cours de nos idées ; l'une est à peu près
celle que Spencer a énoncée et dont nous avons parlé plus
haut, l'autre est ainsi formulée : « La première et pour ainsi
dire la seule expression que nous ayons dans l'enfance est
celle qui se manifeste pendant les cris ; or, les pleurs sont
provoqués d'abord par toute sensation et toute émotion,
déplaisante ou douloureuse, comme la faim, la soif, la
souffrance, la jalousie, la peur, etc. Dans ces cas, les
muscles de l'œil sont fortement contractés, et cela suffit, je

pense, pour expliquer la grande facilité avec laquelle les cils se froncent dans le reste de la vie (1). »

Cette explication ne me paraît pas satisfaisante, elle ne fait que déplacer la question, car on peut se demander pourquoi l'enfant fronce le sourcil quand il crie. Du reste, pour rejeter l'hypothèse de Darwin, il suffit d'observer que les enfants, dès la naissance, froncent le front sans pleurer.

Voici ma pensée sur la cause de ce phénomène : quand nous fixons quelque objet, il nous faut contracter tous les muscles de l'œil. C'est indispensable pour l'accommodation de cet organe. Or, nous avons déjà vu que la pupille doit se contracter lorsqu'on regarde des objets voisins de l'œil, nous ne pouvons donc pas diriger l'œil vers le nez sans que la pupille se resserre.

Le plus important des mouvements des muscles externes de l'œil est celui que nous faisons constamment pour faire converger les rayons visuels de chaque œil sur l'objet. Tandis que les rayons visuels sont parallèles, quand nous sommes distraits ou que nous regardons au loin, par contre, si nous regardons un objet voisin, ils convergent comme feraient les mains qui voudraient saisir l'objet. Tous ces mouvements sont produits par un seul nerf nommé oculo-moteur commun. Or, il y a une sympathie entre ce nerf et le facial, de sorte que si nous faisons un effort avec l'œil nous mouvons inconsciemment les paupières et le front. Et réciproquement quand nous fermons les paupières, nous mouvons sans le vouloir le globe de l'œil. Si l'on veut s'en assurer, il n'y a qu'à fermer un œil avec le bout du doigt, puis à abaisser la paupière de l'autre pour sentir l'œil tourner sous le doigt.

Il est si vrai que tout effort fait contracter les muscles de l'œil que si nous regardons de nuit une lumière éloignée pendant que nous soulevons un corps lourd, nous voyons la lumière double par suite de la convergence involontaire des yeux. J'ai photographié un grand nombre de personnes pendant qu'elles faisaient un effort, et, pour beaucoup, il

(1) Ch. Darwin, *l'Expression des émotions*, page 1877, 243.

semble que ce sont des personnes souffrantes, tant la con
traction des muscles du front est grande sans nécessité. Les
rouages de notre organisme sont ainsi faits que l'énergie et
la tension du système nerveux débordent pour ainsi dire, se
répandent dans de nombreuses ramifications, de telle sorte
que, en aucun cas, l'action ne s'étend à un groupe limité de
muscles. Si, par exemple, nous voulons mouvoir l'oreille,
les muscles qui relèvent l'angle des lèvres se contractent.
C'est assez de dire à quelqu'un de fermer les paupières
pour qu'on voie les autres muscles de sa face se mouvoir
également, et la personne faire des grimaces involontaires.
Aussi ne pouvons-nous pas diriger en même temps un œil
à droite et l'autre à gauche. Un très petit nombre savent
tourner la pupille en dedans sans relever les paupières
avec accompagnement du mouvement des sourcils. Il en
est ainsi, parce qu'il est difficile de localiser l'action de la
volonté uniquement dans les fibres qui desservent certains
muscles. Il semble que la sphère d'action embrasse des
groupes variés de fibres, à moins que, par de fréquents
exercices ou un effort intense qui impose une grande fatigue, on ne s'applique à discerner et à choisir les fibres
qui doivent faire un mouvement isolé.

Les animaux qui fixent attentivement un objet dirigent
en même temps les oreilles vers l'objet. Ce mouvement qu'ils
font pour mieux recueillir les sons doit être précédé d'une
contraction des muscles du front et de ceux qui servent à
projeter en avant le pavillon de l'oreille. Il est assez probable que ces mouvements, qui existent même chez les singes,
se sont conservés chez l'homme, et, quoique ce dernier ait
cessé de mouvoir les muscles des oreilles, il meut encore
ceux du front, pendant l'attention.

Les faits psychiques et leurs manifestations sensibles et
externes sont si étroitement liés en nous qu'il est impossible
d'entretenir les manifestations de l'activité nerveuse dans
les muscles, toutes les fois que surgissent les idées avec
lesquelles ces mouvements externes ont des rapports
continuels, même quand cette communication externe
est tout à fait inutile. Ainsi nous voyons un homme qui

pense,, parler quelquefois bien qu'il n'ait personne à qui
communiquer ses idées ; faire des gestes même, et diverses
actions sans le vouloir.' De même, il arrive que nous répé-
tons les mouvements caractéristiques de l'attention avec le
front et les yeux, quand, dans le développement des idées
ou dans les hasards variés de la vie, survient un obstacle
au libre cours de la pensée. Dès que nous sommes appli-
qués à quelque travail qui réclame un grand effort d'attention, qui arrête et tient suspendu notre jugement, nous
mettons tout à coup et involontairement en jeu les parties
du front et de l'œil que nous avons employés quand nous
voulions observer attentivement une chose.

VIII

Chacun a pu remarquer que, si l'on fixe un objet, les
objets environnants sont moins distincts, et d'autant moins
qu'ils sont plus éloignés de l'objet fixé. Cela tient à ce qu'il
y a un seul point de l'œil où la vision a son maximum de
sensibilité. Ce point se nomme *fovea centralis* parce qu'il
est fait comme une fossette ou un petit entonnoir qui a
deux dixièmes de millimètre de diamètre. Il suffit que
l'image d'un objet tombe à deux ou trois millimètres de ce
point pour que nous ne puissions plus en distinguer nettement la couleur. Le rouge et le vert ne donnent plus qu'une
sensation de jaune plus ou moins pâle ; le violet est
azuré. Un peu plus loin le jaune et le bleu se confondent et
on ne voit que le clair et l'obscur. Cette disposition anatomique des éléments destinés à percevoir l'image et la
couleur des objets nous oblige à mouvoir l'œil et à lui faire
parcourir tous les points des objets quand nous voulons
les voir nettement. Aucun organe n'a pour cela des mouvements aussi précis et aussi exacts que l'œil. Si nous regardons notre œil dans un miroir en relevant ou abaissant la
tête ou en la remuant à droite ou à gauche, nous restons surpris de voir qu'il reste fixe et immobile. Le lecteur
fera bien de répéter cette expérience pour avoir une idée
de la constance et de la facilité avec laquelle l'œil s'attache

à un point quand il veut le fixer avec attention. Les mouvements inquiets de l'œil de celui qui regarde un inconnu,
l'agitation qu'on voit dans le regard de celui qui a peur d'une
autre personne et l'examine sur tous ses points comme
pour se tenir prêt à la défense et se garer du danger qui
le menace, sont rendus nécessaires par suite de la structure de l'œil qui ne peut embrasser un vaste champ sans
se mouvoir.

Quand l'objet n'est pas assez petit pour l'embrasser en
entier avec un simple mouvement de l'œil, dans la cavité
de l'orbite, nous tournons la tête et l'inclinons, nous dépla-
çons le tronc à droite ou à gauche et, si cela ne suffit pas,
nous tournons le corps tout entier. Quand les acteurs sur
la scène veulent représenter quelqu'un pris de peur, ils exa-
gèrent les gestes propres à celui qui observe un objet avec
attention.

Ces mouvements sont si spontanés et si naturels qu'il faut
faire effort pour tenir la tête et le corps fermes pendant
qu'on regarde un objet placé de côté.

Si l'on veut exprimer un sentiment profond de mépris ou
de haine ou de dédain, il faut passer auprès d'un homme
et le regarder avec la tête haute.

IX

Poursuivons notre examen de l'œil.

Celui qui observe les rouages d'une machine peut porter
un jugement sur la régularité de ses mouvements, car la
structure d'un mécanisme doit en faire présumer les fonctions. L'organisme mort est pour le physiologiste un champ
de méditation et d'étude non moins important que l'organisme vivant. C'est là que nous allons étudier l'œil.

Dans le crâne ouvert d'un homme, on distingue trois
nerfs moteurs de l'œil qui partent du cerveau, et, sur une
petite sphère comme l'œil, qui pèse en moyenne sept gram-
mes, se fixent six muscles. On peut conclure qu'aucun organe ne jouit d'autant de variété, d'indépendance et de
rapidité dans les mouvements.

L'œil ne reconnaît en effet d'autre rival que la langue pour la complexité des muscles et l'abondance et la variété des nerfs. Cela explique pourquoi tous deux ont leur langage et pourquoi nous pouvons suivre toutes les manifestations de l'âme dans l'infinie variété de leurs mouvements. L'homme a donné aux sons de la langue la valeur de la parole et de même il a fait des mouvements de ses yeux le langage destiné à exprimer ses sentiments.

La vie de l'œil est tout entière dans ses mouvements. On ne distingue pas facilement d'un œil vrai un œil de verre bien fait, mis dans l'orbite et qui est mu comme un œil vrai, tandis que, s'il reste immobile, il donne au visage l'expression de l'épouvante.

J'ai étudié chez les aveugles-nés l'expression du regard. C'étaient des malheureux qui ne voyaient pas mon ombre et qui n'avaient jamais distingué le jour de la nuit, absolument comme s'ils avaient eu les yeux bandés. Ils causaient et s'amusaient ensemble, et personne n'aurait supposé que leurs yeux étaient morts pour toujours à la lumière. Les mouvements seuls donnaient une expression de joie, une bonté qui inspirait de la confiance et de l'intérêt.

Que de choses ne lisons-nous pas dans l'œil d'un ami mourant qui dit adieu au moment suprême et où semble se réfléter toute la douleur d'une existence pleine d'espérance et de tendresse qui s'éteint. L'œil ne change pas en peu de temps, et cependant quand vous retournez pour contempler ce visage froid et lui dire le dernier adieu, vous vous arrêtez sur le seuil saisi par l'expression de terreur et d'angoisse qui se peint dans ce regard fixe et cet œil ouvert par la rigidité cadavérique.

L'œil a dans la pupille des expressions d'une grande finesse qui sont à peine connues. C'est un spectacle curieux de regarder l'œil d'un chien tranquille et de voir comme sa pupille se dilate et se resserre à chaque émotion. On ne saurait dire que cela tient à ce qu'il regarde tantôt des objets voisins, tantôt des objets éloignés. Cela tient à ce que l'iris et les vaisseaux sanguins réfléchissent comme un miroir les plus faibles émotions. On ne connaît pas

ces nuances excessivement délicates dans le langage des
émotions parce que l'analyse des faits physiques qui accompagnent les expressions des sentiments n'est pas encore
assez délicate et subtile. Mais entre la plus grande dilatation
de la pupille qui est si caractéristique de la peur et la plus
grande contraction qu'on observe pendant le sommeil, ou
lorsqu'on est profondément calme et ennuyé, il y a toute
une série de mouvements par lesquels les passions se
révèlent. Ce sont de légères différences dans le diamètre
de la pupille qui passent inaperçues, quand on ne peut
fixer l'œil de très près ; mais en observant attentivement
un grand nombre de personnes, j'ai pu m'assurer qu'on
peut lire dans les mouvements de la pupille tous les états
de l'âme. Quand le bord céleste de l'iris s'amincit et que
la pupille apparaît plus grande et plus noire, c'est un
signe que nous sommes troublés par une émotion profonde
que nous chercherions en vain à dissimuler, car la pupille,
comme disent les poètes, est l'ouverture par laquelle le
regard plonge au fond du cœur.

CHAPITRE X.

DE QUELQUES PHÉNOMÈNES CARACTÉRISTIQUES DE LA PEUR

I

Le corps humain, pour qui n'en étudie que les opérations chimiques, peut être comparé à un vaste laboratoire où on lit sur chaque porte et dans chaque coin : IL EST DÉFENDU D'ENTRER. La curiosité du public est d'autant plus grande, qu'on sait qu'il s'y fabrique des choses surprenantes, des merveilles que la main de l'homme ni aucune industrie ne saurait exécuter.

Les ouvriers qui travaillent sont d'une extrême petitesse, si petits qu'ils sont invisibles à l'œil nu et si comprimés et serrés les uns contre les autres que l'ensemble ressemble parfois aux alvéoles des abeilles. Ce sont les cellules. D'elles dépend la vie tout entière. Elles forment une société si parfaite qu'on ne peut toucher à l'une d'elles sans qu'immédiatement toutes soient averties.

Dans chaque partie, l'édifice est peu résistant; on peut facilement en forcer l'accès, mais à quoi bon ! Si l'on pénètre violemment, tout le travail s'arrête et il en résulte un désordre et une confusion tels qu'on ne voit plus rien, les tuyaux sont brisés et le liquide se répand partout, le jeu des pompes est suspendu, les robinets s'ouvrent, puis, tout se refroidit, et il résulte un arrêt du travail qu'on nomme la mort.

8

L'histoire des tentatives déjà faites pour découvrir la nature intime du travail de ces ouvriers qui possèdent le secret de la vie est un des plus beaux sujets d'études ; en la lisant, on éprouve un sentiment d'admiration et de gratitude pour les hommes qui ont consacré leur vie à ces recherches, sacrifiant la fortune et les honneurs pour obtenir un petit résultat, souffrant les fatigues, les sacrifices les plus pénibles pour faire un pas en avant, quelquefois seulement pour tendre la main à d'autres et les aider à passer sur leur corps pour soulever un coin du voile qui cache le mystère.

Des milliers de volumes ont déjà été écrits sur cette lutte; et ceux mêmes qui n'en lisent que le résumé dans les traités de chimie physiologique restent également surpris et de la puissance du génie humain, et des difficultés incroyables, presque surhumaines, contre lesquelles il a fallu lutter.

II

La défense d'entrer dans le laboratoire du corps humain n'est pas si rigoureuse qu'on ne puisse aller un peu avant dans l'intérieur. On voit d'abord ce qui y entre, c'est-à-dire les aliments. Il n'est pas non plus difficile d'obtenir la permission de suivre les aliments au-delà de la bouche, dans le long corridor nommé œsophage, jusqu'à la grande pièce humide et chaude nommée estomac où toutes les substances qui arrivent sont réduites en une masse demi-liquide. Le liquide blanchâtre qui en provient, pénètre dans des canalicules qui vont déboucher dans le ruisseau sanguin où chacune des cellules puise ce dont elle a besoin pour son travail. Quant à ce que nous faisons des matières que nous prenons, comment nous les digérons et les manipulons, nul ne l'a bien vu.

On sait que la force motrice du laboratoire provient des combinaisons chimiques dans lesquelles se transforme l'énergie des aliments ; les cellules se l'approprient ensuite pour la transmettre au dehors, sous la forme de travail musculaire, d'activité cérébrale, etc.

Les opérations chimiques les plus importantes qui ont lieu dans le laboratoire sont au nombre de trois. La première consiste à transformer la nourriture en protoplasme ou substance cellulaire, la seconde à décharger l'énergie accumulée dans les cellules, la troisième à rejeter les substances inutiles.

En comparant soigneusement, au moyen de l'analyse chimique, la composition des substances qui sont entrées avec celle des substances rejetées, on trouve que ces dernières contiennent une puissance chimique utilisable moindre, d'où il faut conclure que les aliments sont la cause de tous les mouvements.

Les parois extérieures du laboratoire sont constamment humectées par le liquide nommé sueur, distillé goutte à goutte. Les physiologistes ont construit des appareils très coûteux pour recueillir la fumée de la cheminée et les gaz qui s'échappent de toutes les bouches des innombrables trous nommés pores. Après avoir étudié chaque petit phénomène et tout analysé scrupuleusement, on reste stupéfait que le travail considérable et complexe de la vie soit pourtant si simple dans ses derniers résultats, car, au fond, notre corps ne produit que de l'acide carbonique, et de l'urée.

III

Il faut aller plus avant dans notre examen si nous voulons comprendre la signification des phénomènes qui accompagnent la peur.

Les matières devenues inutiles à la suite des opérations de notre fabrique sont facilement éliminées à travers la peau qui coopère ainsi à une des fonctions les plus importantes dévolue aux reins.

Tout le monde a observé que presque toujours on sue quand la peau est rouge ; il est pourtant des cas exceptionnels, comme dans la peur, où on sue tandis qu'on est pâle et tremblant. Il y a des sueurs froides et des sueurs chaudes. Je rappellerai à ce sujet une expérience de Claude Ber-

nard. Ayant sectionné dans le cou d'un cheval un filet du
nerf sympathique, il vit se produire aussitôt, sans que l'animal fît un mouvement, une sécrétion abondante dans une
moitié de la tête, mais seulement du côté où la section
avait été faite. Le mécanisme par lequel se produit ce phénomène est facile à comprendre ; à peine la section du nerf
a-t-elle été faite que les vaisseaux sanguins qu'ils gouver-
naient se dilatent, le sang baigne alors plus abondamment
les glandes sudoripares qui fonctionnent plus activement.

Fait-il chaud, avons-nous un accès de fièvre et le sang
afflue-t-il plus abondamment à la surface du corps pour se
refroidir, la sécrétion de la sueur augmente. Mais les personnes anémiques suent également et aussi les phtisiques,
même les moribonds chez lesquels manque cet afflux plus
copieux du sang. Il y a donc une autre cause de cette sécrétion abondante, ce sont les nerfs. Une des plus belles dé-
couvertes de ces derniers temps, c'est celle des filaments
nerveux qui réunissent le système cérébro-spinal aux glandes. Lorsqu'on regardait les glandes comme de simples fil-
tres, on attribuait tout à l'afflux plus ou moins abondant du
sang, mais on sait aujourd'hui que la sécrétion glandulaire
est loin d'être aussi simple et que ce sont les nerfs qui augmentent ou diminuent l'activité des cellules chargées de la
sécrétion. Dès lors, c'est à l'activité nerveuse qu'il faut attribuer la production de la sueur caractéristique dans l'attention, la douleur, les attaques d'épilepsie, le tétanos, etc.

Pour démontrer que la sécrétion de la sueur peut s'accomplir indépendamment de la circulation du sang, on
coupe une jambe à un chat qui vient de mourir et, en exci-
tant le nerf sciatique, on voit des gouttes de sueur perler à
la plante des pieds. Dans ce cas, comme dans l'agonie ou
l'extrême pâleur due à une frayeur, quand tous les vaisseaux de la peau sont contractés, on voit apparaître une
sueur spéciale, nommée *sueur froide*.

IV

Sur un autre point du corps se trouvent des ouvertures par lesquelles s'opère périodiquement la sortie des immondices et des eaux sales de la fabrique ; elles aboutissent à un égout et à un réservoir contenant un liquide jaune. C'est la partie la moins belle de notre corps. Dans les fortes émotions, il s'y produit des mouvements irrésistibles, si caractéristiques dans le cas de la peur que nous ne saurions les passer sous silence. Les médecins pensaient que ces désordres bien connus avaient pour cause une paralysie du sphincter ; ce n'est pas exact. Les recherches que j'ai faites avec le professeur Pellacani (1) ont démontré que, chez l'homme comme chez les animaux, de fortes contractions de la vessie correspondent à certains phénomènes psychiques. Dès que nous avons une pensée capable de provoquer une légère émotion, il s'opère un changement immédiat dans l'état des muscles de cet organe. Je regrette que la nature de cet ouvrage ne me permette pas de reproduire les graphiques obtenus à l'aide du plétismographe et qui démontrent le fait énoncé.

Maintes fois, sous le coup d'une émotion, nous éprouvons une envie pressante d'uriner qui se répète sans qu'on puisse l'expliquer par la quantité de liquide accumulé. J'ai été à même de le constater dans quelques circonstances graves de ma vie, lorsque, par exemple, j'ai dû prononcer un discours, ou passer un examen, ou attendre l'issue de quelque événement inquiétant.

La sensation de constriction et de lourdeur que nous sentons dans le bas-ventre quand nous sommes au bord d'un précipice ou que nous éprouvons une vive appréhension doit être attribuée à la contraction involontaire de la vessie. Tout ce qui fait contracter les vaisseaux sanguins produit le même effet sur les muscles de la vessie. L'expression vul-

(1) Mosso et Pellacani, *Sur les fonctions de la vessie, Archives italiennes de biologie*, tome I, 1882.

gaire *crever de rire* est l'énoncé d'un fait physiologique. Il y a des chiens si sensibles et si doux qu'une caresse ou la vue de leur nourriture suffit pour produire la contraction de la vessie telle qu'ils laissent échapper leur urine. Observons en passant que les mêmes phénomènes peuvent être produits par des causes opposées.

Dans les émotions qui ébranlent fortement le système nerveux, et particulièrement dans le cas de la peur, la contraction de la vessie devient si énergique qu'il est impossible d'en empêcher l'effet. Il ne s'agit donc pas d'une paralysie.

Jetons en passant un regard sur ce qui se passe dans la *cloaca maxima*. Les parois de l'intestin possèdent la même irritabilité que celles de la vessie, et il n'y a rien là qui doive nous surprendre puisqu'ils sont revêtus l'un et l'autre de muscles lisses et que leurs nerfs et leurs vaisseaux sanguins ont la même origine. Chacun sait que l'égout de notre fabrique a des mouvements assez brusques et connaît les borborygmes qui se produisent malgré nous dans nos intestins. Si les parois abdominales étaient transparentes, on verrait, quand les intestins font leurs bruits, qu'il s'y produit en un point de la paroi intestinale un resserrement, une contraction, qui se propage lentement de ce point vers l'ouverture de sortie. Ces mouvements nommés péristaltiques existent lors même qu'ils ne sont pas accompagnés de bruits ; ils servent à promener dans les intestins les matières qui sortent de l'estomac, afin de favoriser la digestion et de transporter au dehors les résidus inutiles.

Dans les accès de peur, ces mouvements deviennent si vifs et si rapides, qu'en un temps très court les aliments sont transportés d'une extrémité à l'autre du tube intestinal sans avoir été digérés. Ce n'est donc pas une paralysie qui, dans des circonstances données, peut jeter quelque ridicule sur les hommes les plus courageux. C'est le courant qui fait irruption et déborde ; ce sont les intestins qui se contractent violemment et rejettent vivement leur contenu.

Un de mes amis, qui fut volontaire en 1866, m'a raconté

les désagréments dont il eut à souffrir au premier feu. Rien ne peut donner une idée, me dit-il, de la rage avec laquelle les balles passaient en sifflant près de nous. Nous étions près d'un cimetière ; la vue de quelques croix et de quelques cadavres le long du fossé de la route avait peut-être augmenté ma frayeur, mais les balles qui s'aplatissaient contre les murs et contre les arbres, les cris des blessés, le bruit étourdissant des coups de fusil, le ronflement du canon me déchiraient les entrailles. Je croyais que mon corps se fondait, tant le flux me tourmentait. J'étais toujours accroupi dans le fossé sans pouvoir me relever. J'avançais en trébuchant. J'étais honteux, je me serais tué de ne pouvoir regarder courageusement la mort en face, mais, mon organisme ne pouvait supporter ce terrible spectacle.

V

Un des effets les plus caractéristiques de la peur, c'est la *chair de poule*. Voyons comment et pourquoi la peau se ride dans ce cas. On sait que, outre les glandes de la sueur, d'autres glandes versent à la surface de la peau une matière grasse particulière ou sébacée, qui adoucit la peau et lui donne le brillant qu'on observe en particulier sur le visage de beaucoup de personnes.

Si l'on opère une coupe de la peau perpendiculaire à la surface, on voit au microscope un réseau serré de fibres musculaires qui traversent la peau obliquement et embrassent les poils à peu près comme les baleines d'une ombrelle. C'est une chose curieuse que l'organisation de chaque poil, comment chacun a ses glandes, ses muscles, ses nerfs, ses artères et ses veines. Quand ces muscles se contractent, ils resserrent les mailles de la peau, pressent les glandes et en expriment le contenu. On ne s'en aperçoit pas parce que le mouvement est très lent.

Quelquefois il existe dans l'épaisseur de la peau des muscles spéciaux, nommés peauciers, qui ont une grande importance. Le hérisson pressentant un péril se roule en boule, grâce à un muscle qui recouvre tout le corps comme un manteau ou un sac qui peut être resserré en un point. Même chez la taupe, ces muscles sont assez forts. Les chiens et les chevaux chassent une mouche qui les tourmente en imprimant à la peau un froncement rapide dû à la contraction d'un de ces muscles. Les animaux qui, comme le chien, se couchent en cercle pour dormir, rapprochant leur museau de leur queue, peuvent facilement se mettre dans cette position grâce à ces muscles. En étudiant les fonctions variées auxquelles servent ces muscles, on s'explique pourquoi ils sont plus ou moins développés chez la plupart des animaux supérieurs.

Dire qu'ils servent à chasser les mouches ne me parait pas exact, car ils sont très développés chez les reptiles, les poissons et beaucoup d'animaux dont la peau est à l'abri de la piqûre des insectes. Ils devraient en outre être plus développés dans les parties que l'animal ne peut atteindre avec la tête, les jambes ou la queue. Or, c'est précisément le contraire qui a lieu.

Il est vrai qu'ils s'en servent dans ce but, mais c'est là un fait accidentel, comme le hérissement des poils lorsque l'animal est effrayé ou excité. Quand un chien passe près d'un autre chien avec une pensée hostile, il éprouve une telle surexcitation que tout son corps en frémit. Tous les muscles, ceux des vaisseaux, des intestins, de la vessie se contractent et aussi le muscle peaucier qui fait dresser les poils sur le dos.

Nous avons la *chair de poule* en entrant dans un bain froid, ou au saut du lit si la température de la chambre n'est pas assez élevée.

Toutes les fois que les vaisseaux sanguins sont contractés, quelle qu'en soit d'ailleurs la cause, il se produit une contraction du muscle peaucier et les poils se hérissent. Si ces deux phénomènes sont concomitants, c'est sans doute parce que les poils ou les plumes étant soulevés, l'air qui se trouve entre ces appendices, ralentit le refroidissement de la peau. Ne serait-ce pas pour cette raison que les oiseaux, les chevaux, les chiens, les chats se hérissent les plumes ou les poils lorsqu'ils ont froid (1) ?

(1) Darwin donne une explication qui me semble moins probable : il pense que « les animaux hérissent leurs appendices cutanés pour apparaître plus gros et plus terribles à leurs ennemis ou à leurs rivaux ». Mais comment expliquer que les muscles lisses aient été primitivement sous la dépendance de la volonté ? Pour éviter la double supposition invraisemblable que ces muscles soient devenus lisses et indépendants de la volonté en conservant les mèmes fonctions, il recourt à une autre explication. « Nous devons admettre, dit-il, qu'à l'origine les muscles des poils furent faiblement excités directement sous l'influence de la colère, de la terreur, par suite de quelque trouble du système nerveux. Ces excitations furent répétées pendant bien des générations, et, en conséquence, les effets directs des troubles nerveux se fortifièrent par l'habitude et la tendance de la force nerveuse à suivre la voie la plus fréquentée et la plus facile. Il est possible que les animaux dans la lutte, voyant que le volume du corps de leurs rivaux se trouvait augmenté par suite du hérissement des plumes ou des poils, aient cherché volontairement à se rendre aussi plus gros et plus effrayants pour leurs ennemis et que cette attitude soit devenue instinctive par l'effet de l'habitude ; il n'est pas impossible dès lors que la volonté puisse exercer une certaine influence sur les muscles lisses comme on l'observe dans les mouvements des intestins et de la vessie. » Ch. Darwin, l'Expression des émotions, pages 111 et 112.

CHAPITRE XI

I

Celui qui élève un enfant en représente le cerveau. Tout ce qu'il lui dira de laid, d'effrayant, d'épouvantable, ce sont autant d'épines qu'il lui laisse dans les chairs et le blesseront pour toute la vie.

Un vieux soldat auquel je demandais quelle avait été sa plus grande peur, me répondit : « Une seule qui me poursuit encore. Je touche à mes soixante-dix ans, j'ai regardé la mort en face je ne sais combien de fois, dans aucun danger je n'ai perdu courage, mais quand je passe devant une petite église, à l'ombre d'une forêt ou près d'une chapelle déserte dans la montagne, je me souviens toujours d'un oratoire abandonné de mon village, et je suis effrayé, je regarde autour comme si je devais découvrir le cadavre d'un homme assassiné que j'ai vu quand j'étais enfant, et avec lequel une vieille servante voulait m'enfermer pour m'apaiser. »

L'appréhension, la crainte, les frayeurs restent pour toujours fixées dans la mémoire comme un lierre fatal entortillé autour de la raison. Nous nous souvenons à chaque pas des frayeurs éprouvées dans la première jeunesse. La voûte d'un souterrain, l'arche sombre d'un pont, les ruines d'un château inhabité, le silence mystérieux d'une terre abandonnée, etc., répandent autour de nous une atmosphère de timidité enfantine. C'est comme si l'œil de l'enfant lançait encore du fond de l'âme un regard sur ces scènes.

Ce n'est pas seulement la mère, la nourrice, les domestiques, mais les générations qui ont contribué à dénaturer le cerveau de l'enfant avec la barbarie des sauvages qui déforment la tête de leurs enfants sous prétexte de l'embellir.

Les enfants de la Grèce et de Rome étaient déjà effrayés par les vampires qui suçaient le sang, par le masque des atellanes, par les cyclopes ou par un mercure noir qui venait pour les voler.

Ce détestable mode d'éducation n'a pas encore disparu : on fait toujours peur aux enfants avec croquemitaine, avec des histoires de monstres imaginaires, de revenants, de loups-garous, de magiciens et de sorciers.

A tout moment, on dit aux enfants : « Celui-ci va te manger, celui-là va te mordre, appelez le chien, voici le ramoneur », et cent autres peurs qui leur font venir de grosses larmes et dénaturent leur gentil caractère, en rendant leur vie inquiète, en les troublant par d'incessantes menaces, par une torture qui les laisse pour toujours timides et faibles.

L'imagination des enfants est autrement vive et excitable que celle des adultes. Quand un enfant est déjà naturellement peureux, il vaut mieux ne pas le laisser dans l'obscurité, et mettre dans sa chambre une lumière, afin que, s'il s'éveille, il reconnaisse tout de suite le lieu où il se trouve et que les fantômes ne prennent pas l'apparence de la réalité. L'œil de l'enfant, beaucoup plus que le nôtre, donne aux objets les plus usuels l'aspect de spectres qui le poursuivent. Les contes qu'on leur fait le soir, les émotions à la tombée de la nuit se reproduisent certainement dans leurs rêves.

Un dindon de dix jours, qui n'avait pas senti le faucon, partit comme une flèche la première fois qu'il en entendit le cri et alla se cacher dans un coin où il resta pendant plus de dix minutes, silencieux, accroupi et immobile.

Spalding prit une couvée de poussins âgés d'une semaine, et pendant qu'ils piaulaient dans le pré, autour de la porte, il lâcha un faucon tout près ; en un instant, les poussins se

réfugièrent dans l'herbe et les broussailles. La poule qui
était restée éloignée des poulets parce qu'elle n'avait
aucune expérience de ses ennemis, se lança sur le faucon
quand elle le vit tomber à peu de distance et, avec une telle
impétuosité, qu'elle l'aurait certainement tué. Or, ni elle ni
sa couvée n'avaient vu d'oiseau rapace. Pour s'assurer que
c'était vraiment l'instinct qui faisait reconnaître les ennemis, Spalding avait déjà fait voler des pigeons et ceux-ci se
posèrent auprès de la poule, sans que celle-ci ressentit
l'émotion et le trouble causés par l'apparition du faucon.
D'où il faut conclure que la peur consiste dans un souvenir
inné.

II

Les philosophes, dominés, comme ils le furent toujours,
par l'idée sublime qu'ils ont des facultés humaines, ont
trop négligé l'étude des sauvages et des enfants. Et pourtant c'est par là qu'on devrait commencer, si l'on veut aller
du simple au complexe. Il semble que maintenant les physiologistes aient mieux compris cette nécessité de distinguer les faits psychiques que nous tenons de l'hérédité de
ceux que nous sommes capables d'acquérir par l'expérience.
C'est là l'idéal de l'étude et ce que peut faire de mieux
le physiologiste. Il suffit d'avoir une femme sympathique
avec un bel enfant et de rester toute la journée dans la
maison à étudier attentivement ce que fait l'enfant, puis de
consigner ses observations.

Mon collègue Preyer, un des embryologistes les plus dis-
tingués, a eu cette heureuse idée et son livre sur l'*Ame des
enfants* (1) est une des œuvres les plus intéressantes de la
psychologie moderne.

Dès le premier jour qui suit la naissance, le visage de
l'enfant change subitement d'aspect si on le place en face de
la fenêtre ou si l'on projette l'ombre de la main sur ses
yeux.

Le second jour, il ferme vivement les yeux quand on ap-

(1) Preyer, *l'Ame de l'enfant.* Paris, 1886 (Félix Alcan, éditeur).

proche une lumière, et si, à peine éveillé, on lui présente une lumière, il rejette fortement la tête en arrière.

Dans ce cas, l'enfant réagit non par peur, mais par suite d'une vive sensibilité. En effet, un enfant de quelques mois, qui regarde les nuages ou une surface couverte de neige, ferme les paupières plus souvent et plus vivement qu'un adulte.

Pendant le premier mois, l'enfant ne remue pas encore les paupières lorsqu'il entend du bruit ou si l'on fait semblant de mettre le doigt dans ses yeux.

Chez l'enfant de Preyer ce mouvement s'est produit pour la première fois le cinquante-septième jour et il est devenu régulier et constant à partir du soixantième. Nous ne pouvons pas croire qu'un enfant de neuf semaines puisse déjà avoir l'idée d'un danger et ferme les yeux, ou lève les mains de peur. Ce ne peut être pour lui le résultat de l'expérience ; il n'a pas encore eu l'occasion de savoir ce qui peut lui nuire. Il est bien plus naturel de penser que ce fait est analogue à celui du mouvement des yeux déjà observé à la première heure de la vie.

L'apparition soudaine d'une ombre ou l'audition brusque d'un bruit constituent des sensations désagréables, et le système nerveux troublé dans sa quiétude réagit par un mouvement réflexe, comme il arrive pour beaucoup d'enfants qui pleurent lorsqu'ils entendent le tonnerre, bien qu'ils ignorent ce que c'est, ou qui éprouvent une secousse quand une porte bat ou qu'un objet tombe par terre.

Preyer a observé que, dans la septième semaine, son enfant éprouvait une secousse et levait tout à coup la main sans s'éveiller, quand quelque bruit se produisait tout à coup.

Un enfant de sept mois devant lequel on ouvrait et fermait un éventail a manifesté le plus grand étonnement. L'œil écarquillé, le regard fixe, la bouche béante ne sont pas uniquement des signes de peur, car il fait de même si on lui ôte le lait, et s'il veut ravoir la mamelle.

Dans ce cas, l'œil devient brillant par suite d'une sécrétion plus abondante de larmes. Le premier sourire se

montre avec les yeux grands ouverts. L'enfant a une tendance à ouvrir les yeux lorsqu'il a du plaisir et à les fermer
dans le cas contraire.

Comme les animaux et les insensés, les enfants s'épouvantent de tout ce qui leur est inconnu dès qu'ils en ont
fait une expérience pénible. Quelquefois la peur est subite ;
d'un jour à l'autre, un enfant peut devenir timide et s'effrayer en voyant une personne qu'il ne connaît pas, ou se
mettre à crier si le papa ou la maman prennent des attitudes
étranges ou poussent des cris.

La peur qu'ont les enfants des chiens et des chats, avant
qu'ils aient pu connaître le motif de leur crainte , est un
fait héréditaire. Même plus tard, quand ils ont déjà acquis
quelque expérience, la peur qu'ils ont à la vue des chats et
des chiens qui tettent serait ridicule si ce n'était une aversion innée. Souvent ils se laissent tomber par la peur qu'ils
ont de tomber quand ils commencent à faire leurs premiers
pas, et sans qu'ils en aient fait l'expérience ; ils ont peur
de la mer lorsqu'ils la voient pour la première fois.

III

La peur nocturne, qu'il ne faut pas confondre avec le cauchemar, est une maladie propre aux enfants de trois à sept
ans. Le diagnostic est le suivant : Réveil subit de l'enfant
peu d'heures après qu'il s'est endormi profondément, expression très marquée de frayeur, regard fixé sur un point
comme s'il s'y trouvait une apparition, absence de
conscience, pas de reconnaissance des personnes, pas de
réponse aux interrogations, sueur abondante, battements
du cœur plus forts, pouls plus fréquent, respiration inquiète,
tremblement des membres, température normale.

L'intensité, la durée et la fréquence des accès varient
beaucoup ; en général, ils durent de cinq à trente minutes,
puis l'enfant reprend possession de sa conscience, et se
rendort.

Le matin, il ne se souvient de rien. Rarement les accès
se répètent plusieurs fois dans la même nuit ; ils se repro-

duisent à des intervalles de plusieurs jours. Souvent, après deux ou trois apparitions, ils disparaissent pour toujours.

Les causes de cette affection sont héréditaires ou occasionnelles. Elle afflige plutôt les enfants pâles, délicats, maigres, scrofuleux, anémiques, très intelligents et irritables ; les enfants de parents excitables ou affectés d'une maladie nerveuse y sont prédisposés. Parmi les causes occasionnelles, il faut citer les émotions vives, la fièvre, les maladies du tube digestif. En général, les enfants guérissent. Le pronostic, comme nous disons, est favorable.

Quelques-uns conservent une irritabilité excessive, sont sujets à des palpitations, mais c'est seulement dans des cas exceptionnels que les accès exercent une influence nuisible et durable.

IV

Chez les enfants, les songes sont plus réels, plus vivants, plus terrifiants, parce que leur cerveau est très impressionnable, comme le prouve ce fait que les impressions reçues pendant l'enfance restent inaltérablement fixées dans la mémoire, leur vie est en effet toute concentrée dans les émotions ; leur faiblesse les rend peureux, et les laisse troublés par la vue de dangers et d'ennemis qui leur apparaissent disproportionnément supérieurs à leurs forces.

Les émotions et l'épouvante peuvent devenir tellement vives dans les songes que quelques enfants ont, à la suite, de véritables attaques d'épilepsie, comme l'a démontré récemment le professeur Nothnagel.

Chez les adultes, les songes acquièrent parfois une réalité telle qu'ils ressemblent à un accès de délire. Ce sont des événements effrayants, des catastrophes qui font trembler, tant est fragile l'esprit de l'homme et terrible la puissance des songes.

Je ne citerai qu'un fait qui s'est passé à Glascow, en 1878. Un homme de vingt-quatre ans, nommé Fraser, se lève tout à coup pendant la nuit, prend son enfant, le lance avec force contre le mur, et lui brise le crâne. Les cris de sa femme le réveillent, et il reste épouvanté d'avoir tué son fils. Il croyait l'avoir sauvé d'une bête féroce qu'il avait vu pénétrer dans la chambre et sauter sur le lit de l'enfant pour le dévorer. Fraser se présenta spontanément au tribunal qui l'acquitta, reconnaissant qu'il avait agi sans discernement.

C'était un ouvrier pâle, d'un tempérament nerveux, ayant une intelligence lente à concevoir et peu développée, mais il était laborieux. Sa mère était épileptique et était morte dans un accès. Son père l'était également, sa tante maternelle et ses enfants étaient fous. Sa sœur était morte encore enfant dans les convulsions. Dans son enfance il avait déjà été victime de songes effrayants qui le faisaient descendre du lit en criant. Les songes le tourmentaient, particulièrement lorsqu'il avait eu quelque émotion pendant le jour. Ayant sauvé une fois sa petite sœur en danger de se noyer, il en fut tellement impressionné que souvent il se levait la nuit appelant sa sœur à haute voix, la prenant dans ses bras comme pour l'empêcher de tomber dans l'eau. Quelquefois il s'éveillait, d'autres fois il retournait se coucher en dormant et le matin se sentait très abattu sans aucun souvenir de ce qui s'était passé.

Depuis son mariage, en 1875, les accès avaient pris un autre caractère. Il était persécuté par des songes terrifiants ; il sautait du lit en criant au feu, ou bien disant que son enfant était pris de convulsions, ou qu'une bête féroce était entrée dans la maison et il la cherchait dans la chambre, essayant de l'atteindre avec tout ce qui lui tombait sous la main. Plusieurs fois il avait pris sa femme à la gorge, son père et un ami qui habitait la maison, et les avait presque étranglés, croyant tenir la bête féroce qui le poursuivait. Dans ces accès, il avait les yeux ouverts et pleins d'expression, il voyait les objets, quoiqu'il fût aveugle pour tout ce qui ne s'accordait pas avec les illusions de son esprit. Ce fut dans un de ses accès qu'il tua son enfant. C'était cependant un père affectueux. L'esprit se refuse à penser dans quel abîme de douleur il fut plongé dès qu'il eut recouvré la conscience de son action.

CHAPITRE XII

I

Un des effets les plus terribles de la peur, c'est la paralysie, qui ne permet ni de fuir ni de se défendre.

L'histoire des batailles et des massacres, la chronique des tribunaux sont pleins de crimes effrayants où la terreur détruit chez les victimes l'instinct de la fuite.

Mais comment se fait-il que, sous l'impétuosité d'une puissante émotion, l'empire de la volonté sur les muscles se trouve suspendu et que l'énergie manque pour se défendre?

Si nous étudions les phénomènes du sommeil, nous pouvons facilement imaginer qu'il existe entre les centres de la volonté et les muscles des liens qui peuvent être rompus dans certaines circonstances. Tout le monde connait le cauchemar ; on se souvient de l'oppression qu'on éprouve toutes les fois que dans les songes on s'est senti suffoqué par un poids qu'on avait sur la poitrine ou par une corde qui serrait le cou et qu'on ne pouvait ni enlever, ni dénouer. Ces songes causent une véritable torture ; on se sent paralysé, chancelant, précipité dans un abîme ; ou bien on se laisse tomber, tandis qu'on est poursuivi, et on ne peut pas se relever ; on se trouve étendu au milieu de la rue, pendant que le bruit d'une voiture se fait entendre ou bien c'est un cheval qui va nous piétiner, et on ne peut ni crier, ni plier les membres. L'angoisse et le désespoir croissent jusqu'à ce que le cauchemar se dissipe et qu'on s'éveille épouvanté avec le cœur qui bat précipitamment et la respiration haletante.

Les enfants et les femmes prises de peur courbent le dos, cachent leurs yeux dans leurs mains et se réfugient dans un coin sans regarder autour d'elles. Sous le coup de la terreur, les hommes intrépides même renoncent à fuir ; il semble que leurs nerfs pour la défense ont été coupés et qu'ils s'abandonnent à leur propre destin. Déjà, pour de faibles émotions, nous nous apercevons que l'action de la volonté sur les muscles des mains cesse en partie. Celui qui pleure et rit bruyamment ne peut pas bien tenir la plume, elle ne court plus comme auparavant sur le papier, de telle sorte que l'écriture n'est plus reconnaissable.

Whytt avait déjà observé que l'excitabilité est moindre aussitôt après la décapitation d'un animal, que quelques minutes plus tard. Le courant électrique appliqué sur la peau du tronc ne produit aucun mouvement de réaction immédiatement après la décapitation, tandis que quelques minutes plus tard le même courant fait mouvoir violemment la jambe. Ce phénomène imprévu avait laissé supposer qu'il y a dans la moelle des mécanismes qui, excités par le choc violent de la hache, étaient capables d'arrêter les mouvements réflexes, mais un grand nombre d'autres expériences permettent de croire qu'il faut attribuer aux centres nerveux l'existence d'un rouage qui, dans certaines conditions, suspend l'empire de la volonté sur les muscles.

Si vous possédez un aquarium dans lequel se trouvent des tritons, saisissez-en un avec des pincettes, tirez-le hors de l'eau, vous verrez qu'il reste immobile et presque rigide pendant quelques minutes. Les grenouilles ne peuvent faire aucun mouvement lorsque les nerfs sensibles ont été fortement excités. D'autres expériences nombreuses démontrent que sous l'influence d'excitations très fortes le travail moléculaire des cellules de la moelle, nécessaire à la volonté pour produire un mouvement dans les muscles, se trouve suspendu.

II

Quand les chevaux voient le tigre, ils tremblent et sont incapables de fuir. Lorsque les singes ont une grande peur, ils ne peuvent plus se tenir sur leurs jambes. Les gibbons qui sont les plus agiles de tous les singes se laissent facilement saisir lorsque l'homme les surprend marchant par terre. Le lion marin surpris et poursuivi sur la plage est si ému qu'il tombe à chaque pas, souffle et tremble sans pouvoir se défendre. On verra dans la *Vie des animaux* de Brehm comme l'homme abuse d'une manière déplorable des effets produits par la frayeur. Les phoques sont des animaux assez intelligents et si bons que, dans certaines îles désertes, ils regardent les voyageurs qui viennent au milieu d'eux avec une telle indifférence et une telle confiance qu'ils les laissent passer et les entourent en formant le cercle, couchés par terre sur la plage. Mais dès qu'ils ont fait l'expérience de la cruauté de l'homme, ils deviennent circonspects et se laissent difficilement approcher et surprendre hors de l'eau.

III

Les oiseaux sont les plus peureux des animaux. Il y a des bateleurs qui prennent un oiseau dans la main et le renversent sur le dos. L'animal reste alors immobile bien qu'il ait la possibilité de fuir. C'est une vieille expérience du célèbre jésuite Athanase Kircher, professeur au Collège Romain, qui, en 1646, imprima un livre avec le titre singulier: *Du grand art de la lumière et de l'ombre.* Dans le chapitre intitulé *De l'imagination des poules*, il décrit l'expérience suivante : Si on lie ensemble les pattes d'une poule et qu'on la mette à terre, elle cherchera d'abord à se détacher avec des mouvements du corps et des battements d'ailes, puis, lorsqu'elle aura constaté que toute tentative est inutile, elle restera tranquille. Tirez alors par terre une ligne droite à la craie, partant de l'extrémité du bec, vous pourrez lui délier les pieds, elle ne cherchera plus à fuir, même si vous l'excitez à se mouvoir.

La plupart des petits garçons prennent entre les mains une poule, poussent un long cri dans ses oreilles, puis après avoir plié la tête sous l'aile, la posent sur là table, les pattes pliées en dessous, en disant qu'elle dort. Ce jeu connu dans bien des pays peut être regardé comme une autre forme de *l'expérience admirable* de Kircher. Aucun physiologiste ne s'était occupé de ce phénomène avant Czermak, qui dans un mémoire présenté à l'Académie des sciences de Vienne, en 1872, dit que ce fait dépend d'un état hypnotique ou d'un sommeil momentané. Mais avec cette hypothèse on n'explique pas pourquoi la respiration est haletante et les yeux grands ouverts, pourquoi ils sont incapables de se mouvoir même si on les touche, et pourquoi ils ont la crête et les barbillons très pâles, ce qui ne s'accorde pas avec le sommeil.

Preyer fut le premier à démontrer que ces faits sont le résultat de la peur, et comme dans la langue allemande le mot manquait pour exprimer l'état de l'homme qui est incapable de se mouvoir, de parler, de penser quand il est sous le coup de la frayeur, il nomma cet état *cataplexie* (1). Dans son mémoire qui porte pour titre *la Cataplexie*, je choisis les quelques observations suivantes (2).

Parmi les mammifères, les cochons d'Inde sont les plus accessibles à la frayeur. Rien qu'en les prenant et les tenant un instant dans les mains sans les serrer, ils sont paralysés par la peur. Ils peuvent même rester une demi-heure dans cet état. Les lapins, dans les mêmes circonstances, ne restent pas plus de dix minutes ; les grenouilles, une heure. Il n'est pas possible que les animaux dorment tout ce temps, car ils tremblent et lâchent leurs excréments. Kircher disait qu'il était nécessaire de tracer une ligne blanche devant le bec de l'animal parce que, dans

(1) De *cata*, sur et *plessen*, frapper; perte de sentiment.
(2) *La Cataplexie.* Iéna, 1878.

sa pensée, il se croyait lié par ce signe, mais il n'en est
rien puisque, même sans tracer la raie, ils restent immobiles; et même la cataplexie a lieu plus facilement si l'animal ne voit rien. Les écrevisses prises dans l'eau se laissent
mettre dans les attitudes les plus étranges et restent longtemps immobiles. Preyer a fait des expériences sur les
grenouilles et sur les taupes. Quelques serpents restent
rigides quand on leur comprime légèrement la tête, comme
on raconte que Moïse fit devant Pharaon.

Pour provoquer la cataplexie, il faut une excitation vive
et soudaine ; la manière dont on saisit et dont on traite
l'animal importe peu, pourvu qu'il éprouve une grande
frayeur. On observe un état analogue chez les hommes
foudroyés et chez les animaux qui ont reçu le choc d'un
courant puissant. Beaucoup d'oiseaux blessés par un seul
grain de plomb tombent sur le sol comme foudroyés, les
yeux bouleversés et la respiration haletante et, couchés sur
le dos, ils restent immobiles. Ils sont sans doute tombés en
cataplexie, car bientôt après ils se remettent, si leur blessure n'est ni grave ni mortelle.

Quelques animaux, parmi lesquels plusieurs insectes,
sauvés d'un danger, restent longtemps immobiles. Les
zoologistes ont donné le nom d'*anobium* à l'un de ces derniers, qui semble mort dès qu'on le touche. Plusieurs
coléoptères se comportent de la même manière quand on
les prend et même quand on les pique avec une épingle.
Exposés au-dessus d'une flamme, ils ne cherchent pas à
s'échapper. Preyer fait justement observer qu'on ne saurait
traiter de fiction l'hypothèse d'un instinct qui leur fait
prendre les apparences de la mort pour sauver leur vie,
car il serait incompréhensible qu'ils se laissassent brûler
vifs avant de cesser leur ruse.

Certes un animal qui ne se meut pas peut éviter plus
facilement son ennemi. Darwin fait remarquer que « lorsqu'un animal est effrayé, il s'arrête un instant pour recueillir
ses sens et reconnaître l'urgence du péril afin de décider
s'il doit s'échapper ou se défendre ». Ce n'est pas là assuré-
ment la cause de la cataplexie, mais bien la peur que nous

devons regarder comme une grave imperfection de l'organisme.

Des phénomènes dont nous nous occupons maintenant
nous pouvons rapprocher la légende de la tête de Méduse
qui pétrifiait ceux qui la regardait, celle du basilic qui
pouvait tuer par le regard, du serpent qui faisait périr ceux
qui entendaient son sifflement. Une de ces légendes est
encore fraîche dans notre esprit, la croyance que l'haleine
des serpents est venimeuse et que dans le regard ils ont
le pouvoir d'attirer et de fasciner leur proie. Ce sont
autant de faits qui peuvent se rattacher à la cataplexie.
Quand les oiseaux sans défense voient approcher un serpent de leur nid, ils se mettent immédiatement à crier, à
battre des ailes comme s'ils voulaient attirer l'attention
sur eux afin de sauver leurs petits. Aveuglés par l'affection
et par l'émotion ils vont se jeter sur leur ennemi, puis
restent comme paralysés, soutenant à peine leurs ailes et
leurs jambes, et se laissent tomber du rameau dans la bouche du serpent qui les engloutit.

IV

On peut même mourir de peur. Bichat affirme que c'est
par la paralysie du cœur qu'on meurt à la suite des grandes
émotions. « La force du système circulatoire, dit-il, s'exalte
au point que subitement épuisée nous ne pouvons plus la
rétablir et la mort s'ensuit. »

Les vieillards particulièrement succombent aux fortes
émotions. Ce fait semble en contradiction avec leur peu de
sensibilité, mais la faiblesse de leur système nerveux l'explique. Nous voyons en effet dans les grandes catastrophes,
à la suite de la mort de leurs enfants, les parents âgés succomber tandis que les frères qui sont moins âgés résistent
mieux à la douleur.

Marcello Donato et Paolo Giovio racontent qu'au siège
de Bude, pendant la guerre contre les Turcs, un jeune
homme combattait avec une grande valeur et excitait l'admiration générale, mais malheureusement il devait suc-

comber sous les coups des assaillants qui se renouvelaient
incessamment. La bataille terminée, le général (Raisciac
de Suède) accourut pour connaître le nom de ce vaillant.
A peine leva-t-il la visière du casque qu'il reconnut son
fils, resta immobile, les yeux fixés sur lui, et tomba mort
sans proférer une parole.

Une expérience de Giovanni Müller montre comment la
faiblesse détermine facilement la mort à la suite d'une forte
commotion. Une grenouille à laquelle on a enlevé le foie
est très faible et très excitable. Les plus petites secousses
produisent chez elle des contractions, mais elle ne se meut
pas et, laissée tranquille, elle vit longtemps ; si on la prend
à la main, elle tombe immédiatement dans un accès de tétanos et meurt en quelques secondes.

Haller rapporte qu'un homme passant sur une tombe se
sentit retenir le pied et mourut le jour même ; un autre
expira de peur le jour où on lui avait prédit qu'il mourrait.
Quelques-uns tombent morts lorsqu'on leur annonce qu'ils
sont condamnés à la peine capitale. Haller avait déjà
remarqué que la peur pouvait arrêter les battements du
cœur et modifier profondément la circulation.

Les chirurgiens savent mieux que personne que les
malades peuvent mourir à la suite d'une violente secousse
du système nerveux par action traumatique ou par une
cause morale. En pareil cas, la moelle allongée fonctionne
déjà si faiblement que la simple chloroformisation suffit
pour arrêter la respiration et le cœur. Lorsqu'il arrivait à
Porta, le grand chirurgien de l'Université de Pavie,
de voir un malade succomber pendant qu'il pratiquait une
opération, il jetait dédaigneusement les instruments par
terre et criait au cadavre en manière de reproche : « Le
lâche, il meurt de peur. »

Mon ami Lauder Brunton, professeur de matière médi-
cale à l'hôpital de Saint-Bartolomée, à Londres, a publié il y
a peu d'années le fait suivant (1) : Un assistant était devenu
odieux aux jeunes gens d'un collège. La chambrée décida

(1) Lauder Brunton, *Sur la pathologie et le traitement de la syncope*,
page 8.

de lui causer une frayeur. Les étudiants préparèrent une
bûche et une hache dans une chambre obscure. Ils le
prirent et le conduisirent dans la pièce ou quelques étudiants vêtus de noir fonctionnaient comme juges. Quand il
vit tout cet appareil, il crut que c'était une plaisanterie,
mais les étudiants l'assurèrent qu'ils agissaient sérieuse-
ment et qu'il eût à se préparer à mourir, qu'on allait le
décapiter immédiatement; ils lui bandèrent les yeux, et le
mirent, en pliant ses genoux avec violence, sur le billot.
Pendant que l'un d'eux fit entendre qu'il brandissait la
hache pour lui donner le coup fatal, un autre lui laissait
tomber sur le coup un essuie-mains mouillé. Quand ils
enlevèrent la bande qui couvrait ses yeux, il était mort.

V

Edgard Poë, le poète malheureux qui vécut dans les
hallucinations maladives et mourut à trente-sept ans, dans
un hôpital, victime de l'alcoolisme, dans les spasmes et les
convulsions du *delirium tremens*, peut être regardé
comme un des observateurs des effets de la peur. Nul ne
l'a plus minutieusement décrite, nul n'a su mieux analyser
et faire sentir avec plus de déchirement la douleur des
émotions qui stupéfient, les palpitations qui brisent le
cœur, qui ébranlent l'âme, l'oppression qui suffoque dans
l'agonie.

CHAPITRE XIII

LES MALADIES PRODUITES PAR LA PEUR

I

Pauvres malades qui doivent aller à l'hôpital et qui s'avancent tremblant dans ces longs couloirs où le silence dure des siècles, interrompu seulement par les plaintes et les cris des malheureux qui vont se coucher dans ces murs, comme dans la fosse commune, parce qu'ils n'ont pas un abri !

Comme ils sont découragés quand ils laissent là leur famille et envisagent la tristesse du lieu. Ils s'approchent en soupirant, près d'un lit inconnu ; ils regardent autour d'eux tous les maux qui affligent les malheureux et sentent l'atmosphère humiliante de la pitié qui les a recueillis.

Les nouveaux entrés reconnaissent bientôt ceux qui sont gravement malades, même quand ils en sont éloignés, parce que les médecins restent plus longtemps à les observer, que les sœurs, les infirmiers les environnent avec empressement, puis la sonnette du viatique se fait entendre et tous se lèvent parmi ceux qui peuvent se tenir sur leurs jambes, vient ensuite l'extrême-onction, et les derniers spasmes de l'agonie. Et quand, enfin, on voit remuer la courtine, on entend un léger chuchotement et un tremblement qui accompagne la nouvelle fatale passant de bouche en bouche. Elle court jusque dans les coins les plus reculés de l'infirmerie où ne peut parvenir la lueur funèbre d'une

lampe qui resplendit dans la nuit comme le dernier soupir
de la vie dans un corps qui se refroidit pour toujours.

Après la visite du matin, les médecins trouvent que les
malades les plus graves sont plus mal et ceux qui se trouvaient mieux demandent à sortir. Mais c'est surtout dans
la salle des femmes que dans ces douloureuses circonstances se produit le plus grand trouble. Le médecin de service
court toute la nuit de la salle à l'infirmerie pour prescrire
des calmants et des cordiaux sans cependant parvenir à
empêcher que quelques-unes aient des convulsions ou
s'évanouissent.

Plusieurs malades meurent de peur et de découragement
tandis que, s'ils eussent été soignés dans leur famille, ils
auraient été guéris.

Souhaitons que les habitudes de l'épargne fassent de tels
progrèsque le plus pauvre ouvrier puisse acquérir une gen-
tille maisonnette où, s'il vient à tomber malade, il reçoive
les soins de sa famillle, ou que l'assistance publique dispose, en faveur des malheureux qui recourent à elle, de
maisons modestes où la science viendrait au secours des
malades avec les commodités et le confort que réclament
les progrès de l'hygiène, et sans les tourments et le spectacle déchirant des anciens hôpitaux.

II

Le jeune praticien débutant reste stupéfait de la bonne foi
avec laquelle les malades leur affirment les choses les plus
étranges. La plupart racontent l'histoire de leurs maladies
à partir du fait qu'ils croient en être l'origine. C'est une
tendance instinctive qui pousse l'esprit de l'homme à trouver une explication à tout. Cette disposition qui est la base
de la science est pourtant la cause des préjugés et l'origine
de nos erreurs. Si je devais rapporter les noms des maladies
que l'on croit produites par la peur, ce serait un traité de
pathologie, et avec peu d'avantages pour le lecteur, parce
que même les auteurs qui ont épuisé la matière scientifique
rapportent ce qu'ont dit les malades afin de donner une

apparence de vérité à leurs affirmations. Je me borne-
rai aux faits qui sont hors de doute ou le moins controver-
sés en les appuyant sur des exemples empruntés aux auto-
rités les plus recommandables.

Chomel raconte qu'un médecin, après avoir fait l'autopsie
d'un homme mort de la rage, avait tellement peur de s'être
infecté qu'il en perdit l'appétit et le sommeil. Il prit en hor-
reur tous les liquides et quand il s'efforçait de boire, il
éprouvait un resserrement du gosier qui le suffoquait. Pendant trois jours il erra dans les rues en désespéré. Ses
collègues et ses amis, se doutant que c'était un effet de
l'imagination, firent tous leurs efforts pour lui persuader
qu'il obéissait à un préjugé, et, à force de le garder avec
eux, ils le détournèrent de cette pensée et il guérit.

C'est un phénomène incompréhensible, mais qui est admis
par tous les auteurs, que la peur peut par elle seule donner
lieu à des phénomènes qui ressemblent de tous points à
ceux de la rage. Un médecin connu, Bosquillon, croyait
que la peur est l'unique cause de la rage et non la morsure
ou la salive du chien.

Dubois raconte que deux frères furent mordus par un
chien enragé ; l'un devait partir immédiatement pour l'Amérique et on ne songea plus à lui. Quand il revint après
vingt ans, il apprit par l'imprudence d'une personne que
son frère était mort de la rage ; il fut si vivement affecté de
cette nouvelle qu'il tomba malade et mourut présentant
tous les symptômes de l'horrible maladie. Les livres de
médecine sont remplis de cas de personnes mordues par
les chiens, chez lesquelles la rage s'est développée après
que quelque malavisé leur eût fait savoir que le chien qui
les avait mordues était enragé. Souvent il est presque
impossible au médecin de distinguer la rage hypocondriaque de la vraie rage, le critérium de la mort ne suffit pas,
parce que même dans la rage hypocondriaque surviennent
les contractions dans les organes de la respiration.

Le médecin peut souvent sauver ces malades de la mort
quand il sait se servir de son autorité et des moyens de per-
suasion pour assurer au malade qu'il n'a rien à craindre.

On raconte qu'un médecin fut appelé pour un malade atteint de la rage, après que ses collègues eurent déclaré qu'il n'y avait aucun espoir de guérison. Après l'avoir examiné attentivement, il le baisa sur la bouche pour lui prouver qu'il n'avait pas la rage et le malade guérit.

C'est surtout dans les maladies épidémiques que la peur fait des ravages. Depuis l'antiquité la plus reculée, les médecins ont observé que les peureux meurent plus facilement que les autres. Georges Baglivi, dans son livre célèbre *Praxis medica*, en décrivant les effets d'un tremblement de terre qui eut lieu à Rome, en 1703, raconte que, quoique personne ne fût tué, plusieurs moururent de peur avec la fièvre, un grand nombre de femmes avortèrent, tous les malades alités furent plus mal (1). Larrey avait observé que sur les champs de bataille et dans les lazarets les soldats de l'armée vaincue résistent moins aux blessures que ceux de l'armée victorieuse. Cela s'est confirmé dans la guerre de 1870.

La peur peut par elle-même développer tous les symptômes d'une maladie pestilentielle, même lorsque la cause de l'épidémie manque complètement. Encore récemment, Jolly, dans son travail sur l'hystérie et l'hypocondrie, raconte ce cas d'une de ses malades. Une dame de Strasbourg ayant reçu la nouvelle qu'une de ses parentes était morte du choléra dans un pays très éloigné, en fut effrayée et s'imagina qu'elle aussi serait atteinte. Elle perdit l'appétit et contracta subitement une forte diarrhée qui dura huit jours. C'est seulement après s'être convaincue qu'il n'y avait à Strasbourg aucun cas de choléra, que son malaise était le fruit de son imagination, qu'on parvint à arrêter la diarrhée. Dès qu'on annonce que le choléra est dans une ville tout les hypocondriaques se trouvent plus malades.

Les médecins qui ont décrit le spectacle terrible des lazarets en temps d'épidémie rappellent le grand nombre de victimes que fait la peur, et chez un grand nombre se montrent les symptômes de la peste. Quelques-uns meurent

(1) Baglivi, *Praxis medical*, livre I, ch. xiv, § 5.

subitement de la crainte d'être transportés au lazaret, d'autres se suicident, comme on l'a vu dans les batailles, de certains poltrons qui, atterrés par le spectacle de la mort ou las de souffrir, abaissent le menton sur le canon du fusil et se brûlent la cervelle.

On frémirait si l'on pouvait lire les longues listes des victimes de la nostalgie, du chagrin, du découragement, de la misère, du froid, etc., qui meurent par suite des douleurs morales plus que de leurs souffrances physiques.

III

Les maladies causées par la peur doivent être distinguées de celles qui s'aggravent tout à coup par l'effet d'une vive émotion. Bien des malades saisis de frayeur s'aperçoivent d'une maladie qu'ils n'avaient pas soupçonnée auparavant et qui empire si rapidement qu'elle met parfois leur existence en péril.

Lamarre raconte le fait suivant (1) : Une femme de soixante-quinze ans souffrait depuis une dizaine d'années d'un resserrement d'une valvule du cœur, sans que cette maladie l'empêchât de s'occuper activement des soins du ménage. Le docteur Lamarre, qui était son médecin de 1865 à 1870, fut appelé rarement à lui donner des soins. L hypertrophie du cœur compensait suffisamment le vice de la valvule, et le pouls était régulier.

Quand éclata la guerre de 1870, ses enfants s'entendirent pour ne rien lui dire, craignant qu'elle n'eût peur, ayant déjà assisté au sac de la maison paternelle, en 1815, par les Prussiens. Ils réussirent facilement à la tenir dans l'ignorance des malheurs de leur patrie, car elle vivait isolée à la campagne et ne lisait pas les journaux.

Le 4 septembre 1870, elle vint tout à coup à connaître la défaite des Français et la marche de l'armée sur Paris. Elle en ressentit un choc si violent que son visage devint livide, et, portant la main à son cœur, elle eut à peine la force de

(1) Ed. Lamarre, *Contribution à l'étude du rôle du système nerveux dans les affections du cœur.* Paris, 1882, page 99.

crier : J'étouffe, j'étouffe. Trois quarts d'heure après, elle mourait dans les bras de ses enfants.

Les mouvements qu'elle fit avec la main et avec le visage au dernier moment, et la grande irrégularité du pouls, conduisirent M. Lamarre à éloigner toute idée d'apoplexie cérébrale, et à attribuer la mort à une perturbation nerveuse du cœur produite par l'émotion profonde qu'elle ressentit.

Pinel, une des plus grandes célébrités parmi les aliénistes, commençait toujours par demander aux malades s'ils n'avaient pas eu peur ou éprouvé quelque grande contrariété. Dans l'étude des maladies nerveuses, il faut toujours attacher une grande importance aux causes morales. Une émotion très vive peut produire les mêmes effets qu'un choc matériel, qu'un coup sur la tête. Il existe en effet dès hommes qui, par l'effet de la peur, ont perdu la connaissance ou la vue, ou la parole ; d'autres, plus sensibles, sont restés longtemps paralysés ; d'autres qui, se trouvant privés pour longtemps de sommeil, tombent dans un état d'exaltation voisin de la folie, perdent l'appétit, d'autres qui sont affectés de maladies articulaires ou d'une fièvre violente qui se déclare après une vive secousse du système nerveux.

Le docteur Kohts, dans son travail sur les maladies causées par la frayeur pendant le siège de Strasbourg, décrit d'une manière détaillée les cas de *paralysie agitante* et les convulsions qu'il a observés. Le tremblement simple ou le sifflement des oreilles éclatent tout à coup et durent souvent des mois, même toute la vie chez les personnes très nerveuses, et ainsi elles tombent dans la catalepsie, la paralysie et l'aphasie.

Leyden considère la frayeur comme une cause de myélite. Ainsi que dans la sclérose des artères, dans l'hypertrophie du cœur, une hémiplégie peut se produire par suite de la frayeur. Berger rapporte deux cas de personnes parfaitement saines qui, immédiatement après une frayeur, furent frappées de paraplégie avec insensibilité sans qu'il y eût une lésion anatomique profonde, car les phénomènes se dissipèrent rapidement.

On entend souvent répéter avec raison qu'il ne faut pas

laisser les enfants regarder quelqu'un qui tombe dans un accès d'épilepsie parce que la frayeur et l'émotion qu'ils en souffrent peuvent leur être fatales en déterminant plus tard un accès analogue. Si étrange que paraisse le fait, il est admis généralement. Encore récemment, Eulenburg et Berger virent deux personnes âgées l'une de soixante-dix, l'autre de soixante-cinq ans, qui furent prises d'une attaque d'épilepsie immédiatement après une frayeur, sans qu'auparavant elles eussent montré quelque prédisposition. Romberg rapporte le cas d'un enfant de dix ans qui, effrayé par un chien le matin, eut un accès de corée le soir.

Un des récits les plus émouvants que j'aie lus sur l'influence de la peur est la description d'un voyage sur un navire à voiles qui eut tellement à lutter contre des vents contraires qu'on ne s'explique pas comment il put résister aux bourrasques qui le ballottèrent dans toutes les mers. Quand éclata le scorbut, le médecin observa que la maladie s'aggravait toutes les fois que les accidents faisaient craindre qu'on ne fût encore longtemps éloigné de la terre ; à chaque nouvelle bourrasque, plusieurs mouraient, d'autres étaient atteints du mal, et enfin, lorsque le capitaine en qui ils avaient une grande confiance, mourut, le nombre des malades devint cinq fois plus grand.

IV

Les médecins divisaient autrefois les passions en excitantes et en déprimantes ; une telle distinction n'est plus admissible. Il suffit d'observer les effets de la peur pour être persuadé que cette émotion qui, dans le principe, peut paraître excitante devient déprimante à son paroxysme. On en peut dire autant des remèdes déprimants et des narcotiques qui sont excitants à petite dose et deviennent déprimants à dose plus forte.

Quelques phénomènes, comme la canitie, la transmission immédiate d'une maladie nerveuse de la mère au fœtus, par l'effet d'une frayeur, la mort qui peut survenir chez les enfants à la mamelle peu d'heures après une frayeur éprouvée par la mère, même l'enfant n'étant pas présent, sont autant de faits incompréhensibles qu'on admet parce qu'ils ont été affirmés par des observateurs et des médecins dignes de foi.

Michée, célèbre médecin, un des plus savants aliénistes, écrivait à certains de ses malades des lettres anonymes injurieuses, assurant qu'il en obtenait de bons résultats chez quelques hypocondriaques. La préoccupation d'un péril suffit pour détourner leur esprit de l'objet sur lequel il est fixé. Après avoir inutilement préconisé tous les remèdes, pour les hystériques, les médecins recourent parfois aux menaces ou à une frayeur afin de faire disparaître des symptômes graves. Amann raconte qu'une hystérique, qui avait des convulsions tétaniques avec extase, fut guérie par son père avec des coups.

C'est un fait généralement reconnu que la peur fait cesser l'ivresse et d'autres troubles nerveux. Mais rien ne peut encourager le médecin à faire de la peur une méthode curative, attendu que dans la plupart des cas elle aggrave les maladies. Mais où la peur peut agir avec quelque efficacité, c'est dans le traitement des maladies nerveuses qui se prennent par voie d'imitation. Là, il est probable qu'un mal plus grand chasse, comme on dit, un mal moindre. Dans les vieux livres de médecine, on trouve la description des maladies psychiques nommées corée, ballisme, tarantisme, qui traînèrent dans une agitation maladive des provinces entières. C'est à Aix-la-Chapelle qu'apparurent les premiers symptômes de cette maladie, qui, après, éclata à Cologne, à Metz et se répandit le long du Rhin. Les ouvriers, les paysans, pauvres et riches, abandonnaient par centaines leurs familles, dominés par une volonté irrésistible de danser et de faire des contorsions effrénées, enivrés par leur agitation comme s'ils étaient obsédés jusqu'à tomber par terre épuisés ou à devenir fous.

Boerhaave, dans des cas semblables, recourait à la frayeur et aux fortes émotions pour empêcher les malades de se laisser aller à leur penchant. Pendant qu'il était médecin de l'hospice des orphelins de Harlem, il survint une épidémie

d'épilepsie, qui fut guérie par la frayeur. Voyant que dans
son infirmerie les cas devenaient chaque jour plus fréquents, il fit apporter dans la salle un grand brasier sur
lequel il posa pour les faire rougir un grand nombre de
tenailles et de pinces, puis il dit à tous ses petits malades
qu'il avait reçu l'ordre de brûler tous ceux qui auraient
encore un accès.

Ce moyen violent est d'une application rebutante dans la
cure de l'épilepsie, et d'ailleurs les cas de guérison sont si
exceptionnels qu'ils ne compenseraient pas les aggravations
dont souffriraient tous ceux qui éprouveraient inutilement
de cruelles émotions. C'est une idée déjà émise dans les
plus anciens livres de médecine qu'il faut traiter les maladies causées par les émotions au moyen d'émotions plus
fortes. Pline raconte que ceux qui voulaient guérir du mal
caduc buvaient le sang des gladiateurs (1).

On a souvent cité le cas de personnes devenues muettes
tout à coup ou de muets ayant recouvré la parole. Ces faits
se répètent encore aujourd'hui, mais combien ils ont perdu
leur caractère miraculeux depuis qu'on les étudie dans
les cliniques.

Citons encore un cas récent décrit par le docteur Wertner (2). Une jeune fille de treize ans tombe sous une voiture
et éprouve une frayeur extrême. Elle a de légères écor-
chures à la peau et perd subitement la parole. Le docteur
Wertner tente divers moyens de guérison pendant treize
mois sans succès. En dernier lieu, il prescrit le bromure de
potassium. Voici qu'un beau jour la jeune fille se précipite
dans les bras de sa mère, en lui disant à haute voix :
Maman, je parlerai encore. Et depuis une semaine elle parle
comme avant.

Wiedemeister cite une jeune femme qui, depuis le repas
de noce, pendant qu'elle faisait ses adieux pour se mettre
en voyage, perdit subitement la parole et resta muette
pendant plusieurs années. La peur qu'elle éprouva en

(1) Pline, *Histoire naturelle*, livre XXVII, page 9.
(2) Küssmaul, *les Troubles de la parole*, page 200.

voyant un incendie, lui fit crier soudainement : *Au feu ! au feu !* Depuis, elle a toujours parlé.

Pausanias parle d'un jeune homme muet qui recouvra la parole par suite de la frayeur que lui causa la vue d'un lion ; on sait également qu'Hérodote rapporte du fils de Crésus qui était muet, qu'à la prise de Sarde, voyant un Persan sur le point de tuer son père, il s'écria : *Il ne faut pas tuer Crésus*, et qu'à partir de ce jour, il continua à parler.

CHAPITRE XIV

I

Le plus difficile dans l'étude de l'homme est de le discerner lorsqu'il apparaît au seuil de la vie, de le surprendre au moment où il se détache de la mère, et s'en va comme une simple cellule chercher le contact de l'élément fécondateur, de saisir l'instant où la force occulte qui renferme en elle en puissance toute une existence passe dans les éléments matériels qui constituent le germe, de savoir comment se dispose, dans le protoplasme, le premier noyau imperceptible dont le développement merveilleux ne s'arrêtera qu'à la mort.

C'est une période assez longue au début de notre existence, que celle pendant laquelle tous les caractères et toutes les propriétés spéciales des divers tissus sont pour ainsi dire à l'état latent dans une parcelle de protoplasme. Le microscope ne révèle pas de différences entre les cellules des tissus primitifs. Le trouble qui apparaît dans le feuillet blanchâtre du germe semble organisé, dès le principe, en vue de la division du travail et dans quelques points s'accumulent les matériaux nécessaires aux cellules pour opérer leurs transformations. Déjà très occupées avec une activité prodigieuse à se diviser et à se multiplier, elles doivent avoir à leur portée les matériaux dont elles ont besoin pour faire l'homme, sans s'arrêter à les

élaborer et à les préparer pour se les assimiler. Aussi y
trouve-t-on dès le principe, et en abondance, le sucre ou
glycogène, une des substances les plus essentielles pour la
composition des muscles.

Avant longtemps, on ne verra rien qui ressemble ou fasse
prévoir l'ébauche d'une forme humaine. Et pourtant, nous
sommes contenus dans ce tourbillon d'atomes où déjà
reposent nos passions assoupies. Dans ce feuillet blanchâtre
sont écrits en caractères indéchiffrables les liens d'hérédité qui nous unissent à notre famille et à nos ancêtres.
De même que de la graine à peine visible qui se trouve
au milieu du gland sortira un chêne majestueux qui
dominera la forêt, ainsi de cet amas indistinct de cellules se formera un être qui représentera en petit toute
l'histoire du genre humain avec ses craintes, ses maladies,
ses instincts, ses affections, ses haines, ses bassesses et
ses grandeurs.

La terrible légende de la malédiction qui condamne l'inno-
cent non encore né, la bénédiction lancée dans l'avenir pour
combler les générations futures ne sont pas des fables vides
de sens. Le destin lègue à chacun de nous une hérédité fatale. Abandonnés dans la forêt, enfermés dans une tour,
sans guide, sans exemple, sans lumière, l'expérience de
nos parents et de nos ancêtres les plus reculés se révèle en
nous comme un songe mystérieux.

Ce que nous nommons instinct est la voix des générations
éteintes qui résonne comme un écho lointain dans les cellules du système nerveux. Nous avons en nous l'inspiration,
le conseil, l'expérience de tous les hommes, depuis ceux
qui périrent nus dans les forêts en luttant contre les animaux féroces, et qui se nourrissaient de glands, jusqu'à
notre père et à notre mère qui nous transmettent leurs vertus, leur courage, leurs inquiétudes et leur tendresse.

II

Les méthodes d'éducation peuvent se réduire à deux : la
sévérité et l'indulgence. Quelle est la meilleure? Il est diffi-

cile de donner une réponse catégorique, attendu qu'on ne saurait appliquer un mode uniforme à tous les hommes : chaque homme doit être traité d'une manière particulière.

Quelques-uns disent qu'on doit regarder l'enfant comme un animal et le traiter comme tel jusqu'à ce qu'il ait atteint l'âge de raison, puisqu'il n'a ni le sens de la pudeur, ni celui de la propriété et des devoirs sociaux. Il faut donc user à son égard de procédés didactiques qui lui inspirent le plus de crainte, de ceux qui nous servent à rendre dociles et à domestiquer les animaux, c'est-à-dire des punitions, du fouet et de la gourmandise.

Heureusement, au milieu de ces instincts bestiaux une lueur apparaît qui l'élèvera au-dessus de tous les animaux, et nul ne peut dire avec certitude à quel moment se montrent les premiers éclairs de la raison.

Un coup, une douleur doivent lui paraître toujours hors de proportion avec les mouvements instinctifs et irrésistibles qu'ils sont destinés à modérer ou à étouffer. Au lieu de l'apaiser, ces corrections lui inspireront un ressentiment profond. Il vivra dans la crainte des dangers continus auxquels il est exposé, étonné de se trouver dans ce milieu étrange où alternent, sans raison plausible, les caresses et les coups.

L'éducation doit être conduite selon la méthode employée à enseigner la science, si l'on veut donner à l'homme les convictions les plus solides et les plus durables. Si grande que soit l'autorité, son efficacité n'est pas comparable à celle du raisonnement. Nous ne devons rien ordonner sans indiquer les raisons qui nous font agir d'une manière plutôt que d'une autre.

L'éducateur doit toujours traiter l'enfant comme s'il était intelligent, car l'animal disparaît et l'homme reste. Il doit recourir aux procédés les plus intelligibles et les plus persuasifs, lui éviter les occasions de mal faire, quand il s'aperçoit qu'il a pris de mauvaises habitudes, et chercher, en lui offrant des moyens plus attrayants, à le soustraire aux tentations malsaines.

On peut être plus indulgent avec les enfants qui sont

10

bons et dociles. Ceux qui pleurent facilement, qui rougissent, qui crient, causent moins d'inquiétude que ceux qut
pâlissent, tremblent et ne manifestent pas leur ressentimeni
avec emportement. Ces derniers couvent leur haine dans
un repli de leur cœur.

Une paysanne, en parlant d'un jeune homme, me disait :
« Je l'ai vu petit garçon, il grinçait des dents pour un rien,
aussi n'ai-je pas voulu l'épouser et j'ai eu raison. » Dans les
afflictions, la tension du système nerveux, qui ne peut se
répandre au dehors par une agitation immédiate, se con-
centre et se manifeste d'une manière plus intense par des
éclats longtemps contenus. On croit la colère apaisée, tandis
qu'elle continue à tourmenter et à exaspérer.

Soyons indulgents envers les enfants nerveux, sujets aux
convulsions ; il vaut mieux condescendre, dans une certaine
mesure, à leurs caprices que de s'y opposer avec trop de
raideur. Même un châtiment doux produit chez ces disgra-
ciés des secousses douloureuses et une agitation nerveuse.
Chaque commotion violente laisse derrière elle une trace
maladive imperceptible mais qui s'ajoute à d'autres. Avec
la répression on va de mal en pis.

Il vaut mieux commencer par sauver la vie et remettre à
plus tard l'application des procédés rigoureux d'éducation,
lorsque l'enfant sera devenu moins sensible. En attendant,
il ne faut pas le fatiguer par l'étude, mais le fortifier comme
une plante que l'on expose au soleil et à l'air, et de laquelle,
plus tard, on pourra émonder les rameaux nuisibles. Souvent on réussit et alors ils se remettent en marche avec les
autres. D'ailleurs l'instruction hâtive est une très grave
erreur, même pour les enfants bien portants. Les parents
qui font enseigner trop de choses à leurs enfants compro-
mettent l'avenir pour la satisfaction de leur propre vanité.
Il n'y a nul besoin de forcer la nature et d'épuiser l'activité du système nerveux avant d'avoir fait un corps robuste.

Les parents qui ont déjà quelque côté faible, un léger défaut de caractère, une petite tache dans l'organisme, doivent
redoubler de soins pour guérir dans leurs enfants leurs
propres défauts. De même que d'une génération à l'autre

se transmettent le cancer, la phtisie, les névroses, de même qu'on hérite d'une bouche large, d'un nez long, de cheveux et d'yeux d'une couleur déterminée, de même aussi les vices, les vertus, les aptitudes se transmettent de père en fils. C'est surtout dans les petits villages que l'on peut le mieux suivre les manières d'être de toute une série de père en fils, et qu'on entend souvent des phrases comme celle-ci : « Son père était déjà comme ça. — Le grand-père même était un vaurien. — La bienfaisance est héréditaire dans cette maison. » — Le cynisme et la cruauté se transmirent de père en fils dans la race des Claude.

La souche d'une famille peut être comparée à une de ces boîtes chinoises dans lesquelles s'emboîtent une série de boîtes de dimensions graduées et de plus en plus petites. Le mariage et le croisement avec d'autres races mêlent ces boîtes, de telle sorte qu'il en résulte une confusion inextricable; mais celui qui pourrait remonter assez haut et suivre la filière des générations, verrait qu'elles continuent à s'ouvrir lentement. Quelques enfants ressemblent à leur aïeul ou à leur bisaïeul ou à un ancêtre, comme si un germe avait traversé quelques générations sans s'être développé, puis réapparaissait tout à coup avec une telle ressemblance dans la physionomie, la voix, les yeux, le caractère que les anciens le reconnaissent et disent : C'est l'aïeul. Ainsi les ancêtres refleurissent et renaissent dans les générations futures.

III

Quelle étonnante propriété que celle que possède l'homme de se répéter ainsi dans les membres d'une même génération ; de transmettre, de transfuser, d'imprimer ses aptitudes dans l'organisme de ses descendants ! Ce qui n'est pas moins merveilleux, c'est de voir non seulement les instincts mais aussi les organes disparaître dans les générations successives lorsqu'ils cessent de fonctionner. Les insectes, les crustacés, les poissons et les amphibies qui séjournent dans les cavernes, et dont plusieurs générations ont vécu dans les ténèbres, ont perdu presque complètement les yeux, et ce n'est certes pas par sélection, puisque les yeux ne sauraient être nuisibles même à ceux qui vivent dans les ténèbres ; c'est uniquement parce que ces organes, cessant de fonctionner, se sont peu à peu atrophiés. .

Pour que les chevaux perdent leurs instincts sauvages, il faut compter trois ou quatre générations, aussi certains 'éleveurs ne veulent-ils pour étalons que les chevaux qui ont déjà été exercés au manège.

Prenez deux chiens de chasse tout à fait semblables, nés de la même portée, conduisez l'un constamment à la chasse et laissez toujours l'autre à la maison. Faites-les reproduire, ils vous donneront deux souches distinctes, deux familles dont l'une aidera l'homme à guetter le gibier, et l'autre à l'avertir par ses aboiements des personnes étrangères qui entrent dans la maison. On peut être certain qu'au bout de quatre ou cinq générations les instincts seront profondément modifiés. Si, au bout de dix ans, par exemple, on prend un rejeton de chacune de ces souches qui descendent de la même souche originelle, qu'on les mette dans un même lieu, qu'on les y élève dans les mêmes conditions, loin de tout bruit, et qu'une fois grands, on les mène dans un pré, on verra, au premier coup de fusil, les petits des chiens dressés pour la chasse regarder autour d'eux comme s'ils cherchaient à guetter un oiseau, tandis que les autres effrayés prendront la fuite.

Sur la côte de certaines îles désertes (1), on trouve des oiseaux, comme le *phalaropus,* en Islande, qui ont une grande peur de l'homme, tandis qu'à l'intérieur de l'île, ils ne sont nullement peureux. Dans la *Vie des animaux* de Brehm, on trouve des exemples analogues de peur transmis de génération en génération, avec une différence notable, pour la même espèce, selon qu'ils ont eu ou non des rapports avec l'homme. En général, les singes sont très peureux et fuient toujours dès qu'ils voient l'homme. Le *semnopithèque en-tellus,* que les Indiens adorent et respectent comme une di-

(1) Preyer, *Cataplexie,* page 107, 1878.

vinité, est devenu si effronté, qu'il entre dans les jardins, met tout au pillage, saccage la maison, fouille dans les meubles et dans les armoires des Européens, leur arrache la viande des mains et sur la table. Un missionnaire raconte qu'une fois il s'est trouvé dans un mauvais cas, parce que, n'ayant rien à offrir à ces singes impudents, il allait recevoir d'eux une volée s'il ne s'était défendu à temps avec un bâton (1).

La science ignore comment s'opèrent ces modifications profondes de l'instinct des animaux et comment elles se transmettent par l'hérédité. L'ivrognerie des pères engendre chez les fils des prédispositions à la folie, comme l'homme syphilitique transmet la maladie aux innocents auxquels il donne la vie, mais nous ne savons rien du mode de transmission ; la cause de l'hérédité des instincts reste impénétrable. Le physiologiste ne peut encore résoudre de tels problèmes ; il reste simple chroniqueur de faits quand il ne saisit pas les fils inextricables qui les lient et que, par suite, il ignore la loi.

Brown-Sequard cherche la solution du problème par l'expérience, et il est parvenu à des résultats qui étonnent les physiologistes. En opérant chez des cochons d'Inde la section du nerf sciatique, il a observé qu'ils engendraient des petits épileptiques, et qu'en détruisant chez le père ou chez la mère quelques parties des centres nerveux, leurs petits présentaient de graves déformations dans les oreilles et dans les yeux.

Pasteur a démontré que les agneaux nés d'une mère préservée du *charbon* au moyen du virus atténué ne sont plus attaqués de cette maladie, même si on leur inocule le virus actif, qui détermine la mort des animaux non inoculés. Ils résistent et ne meurent pas. Le fait a été confirmé par Toussaint et d'autres.

Il existe du reste dans la science de nombreux indices qui conduisent à l'idée de la préservation des maladies au moyen de l'hérédité. La petite vérole ne fait plus autant de

(1) Brehm, *Vie des animaux*, tome I, page 51.

ravages qu'autrefois. Si les victimes ne sont plus si nombreuses et guérissent facilement, même lorsqu'elles n'ont
pas été vaccinées, c'est parce que la vaccine et l'hérédité ont
déterminé une modification de notre organisme. Quand cette
maladie se montre dans une région qui n'a jamais été infectée, elle fait des ravages plus grands. Si les habitants d'un
pays où la maladie est inconnue viennent dans une ville où
les germes sont épars dans l'air, ils succombent. Les huit
Esquimaux transportés, il y a peu de temps, au Jardin d'ac-
climatation à Paris, y sont morts de la petite vérole.

C'est un fait notoire que les enfants d'une même souche
ne se ressemblent pas comme les exemplaires d'une même
édition. Le plus souvent les frères et les sœurs ont, avec une
très grande ressemblance physique, de grandes différences
de caractère, bien qu'ils aient reçu la même éducation.
C'est là un fait important au point de vue de notre étude.

Il en est de l'hérédité comme de certains composés chimiques groupés en famille en raison de leur similitude de
composition et de l'identité de structure, dont l'un est nuisible, l'autre utile, l'un vénéneux, l'autre inoffensif. Même
chez les jumeaux, en très petit nombre, qui sont soudés,
comme ceux que j'ai pu étudier avec le professeur Fu-
bini, qui étaient réunis par la partie inférieure du tronc et
n'avaient que deux jambes pour eux deux, eh bien ! même
pour ceux-là, qui certainement se trouveront toujours pla-
cés dans des conditions analogues, on remarque de profondes différences dans le caractère.

Il y a donc à distinguer le caractère héréditaire et le
caractère personnel ; les signes de la famille et ceux de l'individu.

IV

Plus la science fait de progrès, plus la parole du médecin
acquiert d'autorité en matière d'éducation. Toutes les doctrines pédagogiques qui s'éloignent des lois naturelles se
traînent dans l'erreur. L'éducation doit être en harmonie

avec les lois de la vie, les besoins de l'organisme et les intérêts matériels de la société.

L'étude de tout ce qui se rapporte au développement des facultés intellectuelles, le traitement des aberrations de l'instinct et des désordres moraux produits par l'action perturbatrice des passions sont des problèmes si étroitement liés aux phénomènes de l'ordre physique, que les physiologistes et les médecins doivent s'en occuper comme d'un phénomène biologique, comme du traitement d'une maladie.

Malheureusement, même à ce point de vue, le problème de l'éducation présente de très grandes difficultés. Quelques passions sont incurables, et, pour d'autres, le corps ne résiste pas et se détruit rapidement comme sous l'influence funeste de la phtisie galopante. La volonté ne suffit pas, attendu qu'elle-même n'est qu'un effet de la vitalité de l'organisme ou de la résistance plus ou moins grande du système nerveux.

La succession des causes et des effets forme souvent un cercle vicieux dont l'homme ne peut sortir par le seul effort de sa volonté. *La faiblesse engendre la peur qui, à son tour, engendre la faiblesse.* C'est là un cercle fatal dans les fonctions de l'organisme. A quoi servent les divisions arbitraires et imaginaires que les philosophes ont établies des fonctions de l'âme si celles-ci ne peuvent être séparées de celles du corps ! Ce sont là dans la vie des écueils funestes, des courants insurmontables qui nous entraînent inévitablement à notre ruine.

La faiblesse accroît l'excitabilité qui, à son tour, engendre la luxure, et celle-ci, à son tour, produit la faiblesse. Dès le début de la vie, il en est des fonctions de l'organisme comme d'un tourbillon qui s'entr'ouvre, comme d'une avalanche qui se meut et nous entraîne inévitablement dans le précipice.

On voit par là qu'il manque à notre corps un engin qui lui serve de frein, le relève et le soutienne s'il tombe. C'est là une des plus grandes imperfections de notre nature qu'à chaque chute nous puissions être renversés et broyés inexorablement comme dans un engrenage. Nous pouvons être comparés à ces malheureuses victimes de l'opium ou de l'alcool qui sur la fin ne peuvent plus s'arrêter sur la pente du vice, continuent à boire et à fumer l'opium ; le tremble- ment et les phénomènes mobiles dont ils sont affectés s'aggravent immédiatement. La cause première de leur mal est devenue un soulagement du mal même ; c'est un remède qui les calme et les tue lentement.

La physiologie est encore trop imparfaite pour faire con- naître l'ensemble très complexe des causes qui poussent l'homme à agir dans un sens plutôt que dans un autre. Nos yeux sont inhabiles à discerner un grand nombre de fac- teurs importants des actions humaines qui se montreront peut-être évidents aux générations futures. Les chroniques, les annales, les biographies représentent des quantités éva- luées inexactement et des unités incomplètement connues. J'ignore quand, à d'autres comme à Taine, il sera possible de pénétrer plus avant dans l'histoire des peuples et de trouver la loi biologique en vertu de laquelle un peuple s'élève et s'abaisse. Ce que je sais, c'est que je demeure triste et perplexe quand je pense que malheureusement plus le cerveau de la race humaine va en se perfectionnant, plus il devient irritable et sensible en même temps que le besoin d'émotions devient plus pressant pour elle.

V

Le courage dépend de trois éléments : de la nature, de l'éducation et du raisonnement. Chacun de ces éléments peut être développé de manière à suppléer aux deux autres. On ne saurait dire à un homme : tu dois être courageux, puisqu'il le devient. Tous les jours nous voyons que l'exemple des parents, l'éducation et les avertissements ne suffisent pas à établir la vertu chez les enfants. C'est un élément fatal dans l'éducation qui doit être préparé de longue main, comme pour une récolte le terrain et la se- mence. C'est affaire aux parents de léguer à leurs enfants une constitution robuste et une âme courageuse.

La peur surprend et surpasse tellement la volonté, qu'on

a toujours honoré comme héroïque, la force de la combattre
et de la dominer complètement. Alexandre faisait des sacrifices à la peur avant d'aller au combat et Tullus Hostilius
lui éleva des temples et lui consacra des prêtres. Au musée
de Turin, on peut voir deux médailles romaines qui ont
pour empreinte, l'une, une femme épouvantée, et l'autre,
la tête d'un homme terrifié, avec les cheveux hérissés et
les yeux hors de la tête. Elles furent frappées par les con-
suls de la famille Hostilienne en souvenir des vœux formés
pour rendre propice la peur qui menaçait d'envahir les
troupes, qui furent ensuite victorieuses.

La conscience d'être fort nous rend plus fort encore.
L'histoire de la médecine est pleine des effets prodigieux
que peut produire la confiance. Si je voulais citer les exemples de femmes hystériques, d'hommes nerveux, abattus,
paralysés, incapables de se mouvoir auxquels la simple
parole d'un médecin ou la confiance dans l'efficacité d'un
remède rendirent le courage et qui se rétablirent, on verrait que tous les jours se répètent des miracles et des merveilles dignes des saints.

On ne saurait dire toutefois qu'en cela tout soit le fruit
de l'imagination et de la fantaisie, car la modification du
courant sanguin dans le cerveau de celui qui se pré-
pare avec une âme résolue à surmonter une difficulté,
produit de tels accroissements dans l'énergie des centres
nerveux et dans la tension des muscles, qu'ils ont alors
une force prodigieuse, et donnent des résultats tels qu'on
n'en saurait attendre d'un poltron, si fort et si robuste qu'il
soit.

Nous avons vu que le cerveau par lui-même ne peut rien
engendrer ; tout au plus semble-t-il libre de choisir entre
les éléments variés qui se présentent à lui. Si bien que nous
voulions resserrer les liens de la liberté, il n'est pas dou-
teux que nous ne puissions imprimer une certaine direction
à notre esprit. Le but de l'éducation doit être de tenir continuellement l'attention éveillée sur tout ce qui est de nature
à fortifier le caractère.

Descartes, dans son célèbre livre sur les *Passions de l'âme*,

dit : « Pour exciter en soi la hardiesse et ôter la peur, il
ne suffit pas d'en avoir la volonté, mais il faut s'appliquer à
considérer les raisons, les objets ou les exemples qui persuadent que le péril n'est pas grand ; qu'il y a toujours plus
de sûreté en la défense qu'en la fuite ; qu'on aura de la
gloire et de la joie d'avoir vaincu au lieu qn'on ne peut
attendre que du regret et de la honte d'avoir fui, et choses
semblables » (1).

VI

Ce qui rend l'éducation difficile, c'est la nécessité de
l'esprit de suite ; ce qui la rend efficace, c'est l'exemple. La rigueur est inutile ; c'est la persévérance qui
facilite. Rien n'est plus nuisible et plus fatal que l'infrac-
tion à la loi.

Le but suprême de l'éducation doit être d'accroître la
vigueur et de favoriser tout ce qui entretient la vie. Les
enfants auxquels leurs parents apprennent à donner trop
d'importance à toutes les petites douleurs sont prédisposés
à l'hypocondrie. La tristesse est une langueur du corps ;
nous savons par une longue expérience que les mélancoliques et les timides résistent moins que les autres aux
maladies (2).

Chez la femme une minute d'une peur vive produit des
effets plus désastreux et des préjudices plus graves que
chez l'homme. C'est notre faute à nous qui avons toujours
considéré la faiblesse de la femme comme un charme et une
attraction, c'est aussi la faute de notre mode absurde d'éducation, par lequel on développe surtout chez elle la partie
affective, et on néglige ce qui serait plus efficace pour lui
fortifier le caractère. Nous nous imaginons quelquefois
que la partie la plus importante de la culture est celle qu'on
obtient par l'éducation et l'étude, que les progrès de l'hu-

(1) Descartes, les Passions de l'âme, art. XLV, 1re partie.
(2) Les mélancoliques qui sont timides et inconstants de nature sont
plus fréquemment sujets aux maladies ; c'est là un vieil adage qu'on
trouve dans les plus anciens livres de médecine.

manité sont dans la science, la littérature, les arts que se transmettent les générations, tandis que par le sang nous recevons une partie non moins importante. La civilisation a façonné d'une autre manière nos centres nerveux ; c'est une culture transmise par l'hérédité dans le cerveau des enfants. La supériorité de la génération actuelle dépend de sa plus grande aptitude à penser et à travailler. L'avenir et la puissance d'un peuple ne sont pas tout entiers dans son commerce, dans la science, dans la guerre, mais aussi dans les entrailles de ses habitants, dans le cœur des mères, dans l'aptitude des enfants à être courageux ou poltrons.

Adieu, lecteur. Rappelez-vous que la peur est une maladie qu'il faut guérir, que si l'homme intrépide peut quelquefois se tromper, celui qui a peur se trompe toujours.

FIN.

TABLE DES MATIÈRES

TOURS, IMPRIMERIE E. ARRAULT ET Cⁱᵉ

www.ingramcontent.com/pod-product-compliance
Lightning Source LLC
Chambersburg PA
CBHW072238270326
41930CB00010B/2173